AF242208

ALGER L'ÉTÉ

ALGER L'ÉTÉ

PAR

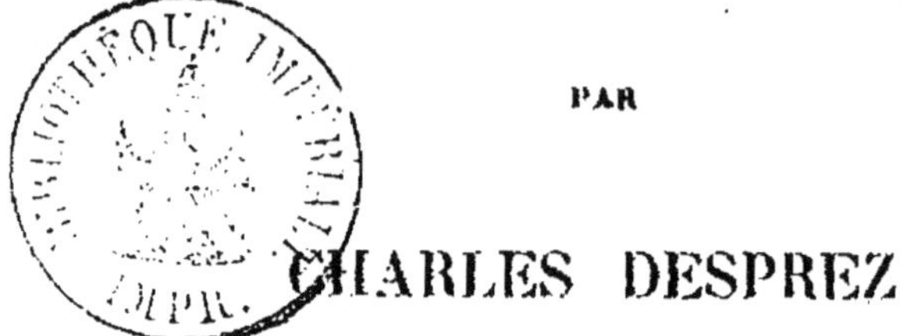

CHARLES DESPREZ

LE CLIMAT. LA JOURNÉE DES ALGÉRIENS.
LES DIMANCHES. LES FÊTES.
LA CAMPAGNE. LA JOURNÉE D'UN PARTICULIER.
LA MUSIQUE MILITAIRE. LE COLLÉGE ARABE.
LES BAINS DE MER. LE JOURNALISME.

ALGER

ÉDITION D'AMATEUR

1863

ALGER L'ÉTÉ

par

CHARLES DESPRÉZ

LE CHRAA, LE JOURNAL DES ALGÉRIENS.
LES ORATOIRES, LES FÊTES.
LA CAMPAGNE. LA JOURNÉE D'UN PARTICULIER.
LA MUSIQUE MILITAIRE. LE COLLÈGE ARABE.
LES BAINS DE MER. LE BOUZARÉAH.

ALGER

ÉDITIONS D'AMATEUR

1876

ALGER L'ÉTÉ

A M. ALEXANDRE DE LAVERGNE

Lorsque le gouvernement de l'Algérie fut détaché du ministère de la guerre, il vous était, on le dit du moins , cher Monsieur, très-facile d'échanger la belle place que vous occupiez alors si dignement au bureau des affaires arabes, contre une position pareille, ou même plus brillante encore, au chef-lieu de la colonie.

Vous avez reculé , paraît-il, dévant le climat. Vous vous êtes figuré cette pauvre cité d'Alger livrée, huit mois sur douze, aux rayons calcinants d'un soleil équatorial , et ses infortunés habitants condamnés à toutes les tribulations qu'engendrent les températures extrêmes.

Abandonnant alors une carrière qui vous semblait comporter des périls et demander une lutte au-dessus de vos forces , vous vous êtes remis tout entier à la composition de ces livres charmants qui vous ont déjà valu tant de brillants et légitimes succès.

N'auriez-vous pas mieux servi néanmoins les lettres et l'Etat tout ensemble, si plus exactement renseigné sur les étés du Sahel, vous n'aviez pas cru devoir décliner la charge honorable à laquelle vous appelaient ici vos talents administratifs ? La colonie, si bien pourvue qu'elle soit, manque encore de guides sûrs, et la vieille Mauritanie offre au génie du romancier une mine féconde en sujets dramatiques, en types originaux.

Mais quoi de moins irrévocable que les résolutions humaines ! Des circonstances imprévues peuvent vous rappeler au timon des affaires arabes. Que ce ne soit plus alors la crainte du climat qui vous arrête. J'habite incontestablement le local le plus chaud d'Alger. Frustré des brises du nord par les hautes maisons qui d'un côté le dominent, avancé comme un cap sur une place torréfiée depuis le matin jusqu'au soir, il ne perd ni un rayon de soleil, ni un reflet de mur, ni un souffle de sirocco. Ma constitution, d'autre part, est singulièrement impressionnable. Le moindre excès l'atteint, et les grandes chaleurs ne lui sont pas moins nuisibles que les froids rigoureux. Vous devrez donc me croire d'autant plus, si je vous vante les charmes de l'été d'Alger, que je me suis trouvé plus à même d'en sentir les inconvénients.

Le climat

Et d'abord, permettez-moi de vous le dire, vous ne connaissez l'été que de nom. Les prétendus étés de Paris ne vous en ont montré que l'ombre ou la charge. Dressons en effet leur bilan. Si la neige leur fait la grâce de ne plus tomber au mois de mai, les giboulées, par contre, les harcèlent jusqu'à la fin de juin. Pour eux, même au cœur de juillet, jamais le froid ni la pluie ne désarment. Les jours caniculaires peuvent aussi bien marquer huit degrés que trente à l'anéroïde, tempête que beau fixe à l'échelle barométrique. Et les tardives fleurs qu'ils ont fait à grand'peine éclore, sont dès octobre flétries par la gelée blanche, si des chaleurs sénégaliennes ne les ont préalablement brûlées en septembre. On les désirait à la Pentecôte, on les regrette à la Toussaint. Leurs fruits ne sont guère mieux traités. Ceux qui mûrissent le font si lentement que la grêle, l'humidité, la sécheresse, les insectes en appauvrissent toujours la récolte.

Ah ! j'en ai sur le cœur, de vos étés du Nord ! Que de plans renversés, de travaux empêchés, de plaisirs traversés par eux ! Les aubergistes de Barbison m'ont vu, six semaines durant, guetter les chênes de Franchart et les rochers des gorges d'Apremont, sans qu'une échappée de lumière m'ait permis d'en faire l'esquisse. J'ai parcouru, dans la saison que vous appelez belle, la Normandie, la Bretagne et l'Alsace ; mais les blanches falaises d'Etretat, les vallées pittoresques du Morbihan , les merveilles architecturales du clocher de Strasbourg, ne me sont apparues que voilées par la brume ou noyées dans la pluie. J'ai grelotté le jour de la Saint-Jean dans mes habits d'hiver ; le lendemain, par suite d'un de ces brusques revirements si communs dans le Nord, j'étouffais en veste d'été. Je compterais les clairs de lune dont j'ai pu jouir sans mélange. Je ne me rappelle aucune villégiature des environs de Paris qui ne m'ait valu plus de parties de billard, et de lectures au coin du feu, que de chasses, de pêches et de promenades. Le bal d'Asnières, la fête de Meudon, les grandes eaux de Versailles, ne reviennent à mon souvenir qu'accompagnés d'averses et de boue, que suivis de toilettes perdues et de rhumes inguérissables.

Ecoutez maintenant la monographie d'un véritable été, de celui que je viens de passer, beaucoup par fantaisie, un peu par dévouement. Etudier au double point de vue du confort et de l'hygiène, une saison si peu connue du climat africain et contre laquelle tant de préjugés s'élèvent encore, n'était-ce pas une tâche propre à stimuler la curiosité du touriste et le zèle du philanthrope ? Ne valait-elle pas qu'on lui sacrifiât quelque bien-être, qu'on encourût pour elle quelques dangers ? Mais, récompense aussi prompte que belle, le profit s'est tout d'abord substitué aux sacrifices, la santé à la maladie et le ravissement aux ennuis consentis par avance.

Avril, qui n'est chez vous qu'une fallacieuse antiphrase, ouvre ici la saison d'été, l'hiver ayant compté comme printemps. La chaleur est déjà de dix-huit degrés, et le nombre des jours de pluie se réduit à cinq environ pour toute la durée du mois. Les orangers, les acacias, les arbres de Judée, les asphodèles, les œillets, les lupins, les iris, joignent leurs fleurs à celles qui, comme la violette, la rose, la cassie, le plombago, le géranium, n'ont un seul jour, même en décembre, cessé d'embaumer la campagne. Les amandes, les petits pois, les artichauts, les asperges abondent. Les hirondelles arrivent. On sort les chaises. On musèle les chiens.

Le joli mois de mai, ce rêve malheureux des poètes septentrionaux, n'est point à Alger une fiction. Il y fleurit en vile prose, aussi resplendissant que dans vos plus beaux vers. Le lis, le chèvre-feuille, le laurier rose, le jasmin, s'épanouissent sur les murs, dans les haies, au bord des ruisseaux. Les abricots, les prunes, les figues, les cerises sont en pleine maturité. L'air moins cru baigne l'horizon de vapeurs bleuâtres. Tout semble concourir pour enchanter l'esprit, pour enivrer les sens. La plupart des hiverneurs ont l'habitude de retourner chez eux à la fin d'avril. Grande faute, double inconvénient. Ils se privent de la meilleure saison des pays chauds, et se condamnent à la pire des climats tempérés, neutralisant ainsi les bons effets du voyage.

Juin continue les délices de mai. Le thermomètre oscille entre vingt et vingt-cinq degrés. Menace-t-il de monter plus haut? quelques instants de pluie calment son ardeur. Malgré l'élévation et la puissance du soleil, la terre conserve encore assez d'humidité pour fournir aux fraîcheurs du soir. La campagne est dans tout son éclat. Au feuillage rare et foncé des arbres du midi se joignent les tendres verdures et les rameaux luxuriants des essences du nord. Les clématites, les lianes, parure de l'hiver, commencent à se dessécher, mais leurs gracieux festons se colorent en même temps des plus riches tons du carmin, du citron et de l'amarante. Les raquettes du cactus se couronnent de fleurs jaunes, les turions d'aloès s'élancent comme des futaies du redoutable faisceau de leurs lances. Les grenadiers attachent au bord du chemin leurs bijoux de corail. L'azédarach, dont les feuilles d'un vert luisant se ramassent en forme de grappes, mêle aux grappes dorées de ses baies les grappes lilas de ses fleurs. Derniers et éphémères présents de vos automnes, les chrysanthèmes, les dahlias s'épanouissent, mais avec un avenir de quatre mois de floraison. La tubéreuse, plante rare, impossible chez vous, rustique, généreuse ici, donne de longs rameaux dont le parfum indéfinissable semble une concentration des arômes les plus exquis de l'oranger, du lis, du jasmin et du datura.

Le grand travail de la nature finit en juillet. Toutes les promesses se réalisent, alors qu'en France il leur faut encore compter avec des semaines d'intempéries. La moisson est faite depuis longtemps. On cueille le raisin, les pêches, les melons et les figues de Barbarie. Quant aux pommes, aux poires, aux bananes, aux oranges, il serait assez difficile de préciser l'époque de leur maturité. On en mange sans interruption.

enade n'est, à Paris, qu'un objet de curiosité. Nos

indigènes lui font plus d'honneur. S'il faut en croire un médecin arabe dont je vous recommande le nom quand vous serez parrain, Djellal ed Din Abou'l Oualid Abd er Rhaman Mohammed es Soïouti, le Prophète a dit : « Dans chaque grenade, il y a un grain qui vient du paradis et possède la vertu de guérir tous les maux. Celui qui veut profiter de ce grain doit, pour être sûr de ne pas le perdre, manger exactement tous ceux que contient le fruit. »

Les pluies ont définitivement cessé. Une goutte d'eau serait un phénomène. Les statistiques ne signalent rien de tel depuis des années. Les cieux, suivant la belle expression de Racine, semblent fermés et devenus d'airain. Le soleil à midi darde presque d'aplomb. Néanmoins, la température se maintient à des niveaux très supportables. La moyenne en est de vingt-six degrés. J'ai vu des soirées assez fraîches pour qu'on éprouvât le besoin de reprendre ses vêtements de laine. Et cependant, curieuse anomalie, tandis qu'à Paris dont la latitude est si favorisée déjà, le thermomètre tombe parfois à dix degrés, des villes moins rapprochées qu'Alger des tropiques, subissent des chaleurs de trente-deux à trente-cinq degrés.

La science, du reste, a déjà constaté la supériorité de ce pays dans les saisons extrêmes. La différence entre l'hiver et l'été y est moindre que partout ailleurs. Ainsi Malte, Pau, Nice, Rome, Barcelone, Livourne, Palma, Malaga, Madère, dont les hivers sont plus froids que ceux d'Alger, ont aussi des étés plus chauds. L'air du Sahel doit à sa sécheresse une salubrité que ne saurait offrir, à égalité et même à infériorité de température, une atmosphère humide. J'ai, par exemple, beaucoup plus difficilement supporté, il y a trois ans, l'été de **Palerme** que, cette année, celui d'Alger.

Si l'on devait se plaindre ici de la chaleur, ce serait au mois d'août seulement ; mais où ne s'en plaint-on pas alors ? Ni Paris, ni Saint-Pétersbourg, ni même Haparanda ne font exception à la règle. La colonne thermométrique s'établit fixement au-dessus de vingt-cinq degrés, sauf les jours fort rares encore, où règne le vent du désert. D'ailleurs, on a régulièrement, depuis midi jusqu'à six heures du soir, la brise de mer qui produit l'effet d'un immense éventail et neutralise les trois quarts de la chaleur.

Je l'ai nommé ce vent terrible ; il faut donc bien que, narrateur consciencieux, je vous en dise quelque chose. C'était pendant l'été de 1860, peu de jours après mon débarquement. Je feuilletais un livre au cercle Duchassaing. Le jour, d'abord suffisant, malgré qu'on eût tout fermé suivant l'usage rationnel adopté dans les pays chauds, baissa peu à peu, et tomba même au point d'interrompre ma lecture. Je me levai pour ouvrir les persiennes ; mais à peine eus-je entre-bâillé la fenêtre, que je me sentis repoussé comme par les flammes d'un vaste incendie. — Le sirocco !… fit un membre. Vous êtes, sans doute, déjà passé devant la bouche d'un four où le brasier d'une locomotive. Le sirocco produit exactement la même sensation. Je descendis néanmoins pour étudier dehors un phénomène si nouveau pour moi. Mais loin d'en souffrir, je m'en amusai presque. On le sait, en effet : le vent du Sahara qui fatigue et énerve les gens du pays, stimule au contraire et regaillardit les nouveaux venus. Et l'on médirait d'un pareil climat ! Poli jusque dans ses boutades, hospitalier jusque dans ses rigueurs !

L'air était chargé d'une poussière épaisse et tellement impalpable, qu'on l'eût prise pour du brouillard, si les dépôts blanchâtres qu'elle laissait partout ne fussent venus détruire cette conjecture. Les rayons du soleil, engagés dans ce milieu compact, y formaient une auréole immense dont l'éclat rutilant blessait les yeux. La mer, d'un gris fauve, mêlait ses vagues furieuses aux pesantes vapeurs d'un horizon terne et borné. On n'apercevait plus, des collines onduleuses du Sahel et des verts sommets de Mustapha, qu'une silhouette vague et décolorée. Quant à l'Atlas aux pentes d'azur, il était tout entier comme noyé dans un bain de cendre. L'invasion du fléau s'étant faite à l'improviste et ne remontant guère à plus d'une heure, les passages, les couloirs, les galeries, les voûtes, si nombreuses à Alger, avaient conservé leur température du matin. Mais dans les rues larges, sur les places et notamment au long des quais, la chaleur était stupéfiante. Elle dépassait sensiblement celle du corps humain. On fourrait les mains dans ses poches, on relevait le col de son habit pour avoir frais. Les Arabes, dont le costume est si bien approprié au climat, s'enveloppaient dans leurs burnous comme en hiver. Bon nombre, couchés au pied des murs et pelotonnés de leurs membres, ne laissaient plus à l'air qu'une surface restreinte et impénétrable. Les feuilles des arbres se fanaient à vue d'œil ; il semblait même qu'on les entendît rôtir et crépiter. A des minutes d'un calme lourd et suffocant succédaient les raffales d'un vent lancinant. Des nuages ou plutôt des bancs de sable volant éclipsèrent bientôt le disque déjà fort obscurci du soleil ; et les différentes nuances de jaune, de citron, d'orange et de safran sous lesquelles apparaissaient vaguement les objets, suivant leur distance ou leur coloris, se fondirent en un seul ton cuivré, plombé, mixte, indéfinissable.

Au moment où je me disposais à rentrer chez moi, mon attention fut attirée par un groupe de gens ébahis qui regardaient avec de grands yeux quelque chose d'accroché à la muraille. Je m'approche pour connaître l'objet de leur étonnement. C'était un de ces thermomètres monumentaux dont les opticiens aiment à parer la devanture de leur boutique. Il marquait quarante-et-un degrés ! A l'ombre, bien entendu ; car au soleil il n'en eût pas donné moins de cinquante. L'industriel, averti par nos exclamations, des équipées de son instrument, accourut pour le retirer. Peut-être craignait-il qu'il n'éclatât dehors. Je monte ; j'étais à peine au tiers de l'escalier, que le maître d'hôtel s'élance à ma rencontre comme quelqu'un qui porte une grande nouvelle : — Voilà, dit-il, trente ans que j'habite ce pays, je n'ai encore rien vu de semblable.

Bien que les domestiques eussent pris soin de fermer dans ma chambre, le sirocco ne l'avait pas non plus épargnée. Une épaisse couche de poussière, aussi ténue que le pollen des lis, couvrait uniformément les meubles et s'était fixée d'une manière si tenace à quelques feuilles de papier restées sur le bureau, qu'il me fut impossible d'en faire usage. La mine de plomb s'écrasait dessus, et la plume de fer n'y produisait qu'un griffonnage pâteux. La couverture de mes livres et le carton de mes albums s'étaient en outre recroquevillés comme s'ils fussent demeurés tout un jour devant le feu. Un annuaire de l'Algéric que je me rappelle parfaitement avoir fermé la veille, bâillait à se rompre le dos. Une brochure dont j'avais le matin même coupé soigneusement les pages, se roulait en des contorsions étranges. Il semblait qu'elle eût défrayé, trois mois durant, le public peu soigneux d'un cabinet de lecture.

Le vent continua toute la soirée ; il n'empêcha pas cependant la musique. Intrépides sont nos soldats, qu'ils manient la baïonnette ou qu'ils embouchent le trombone. Assis devant l'orchestre, en compagnie de plusieurs officiers, je m'étais rapproché de l'un d'eux pour causer. Insensiblement, au beau milieu de nos histoires, je me sentis échauder la main. Je crus d'abord avoir été touché par le bout allumé d'une cigarette ; erreur bien permise en ce siècle tabachique. Mais non ; c'était l'épée du voisin dont la garde brûlait comme un fer à repasser. Tous les métaux, du reste, en leur qualité de corps conducteurs, offraient la même singularité. Mon lorgnon me grillait le nez, et je n'étais pas sans crainte pour le mouvement de ma montre dont la chaleur traversait les doublures de mon gousset. Le marbre et la pierre, également conducteurs, étaient devenus presque dangereux, et les habitués de la balustrade qui sert de parapet à la place évitaient de s'y asseoir. A mesure que la nuit tombait, l'horizon s'enflammait de lueurs effrayantes. On les attribuait généralement à des feux de chaumes ou de broussailles allumés dans la plaine par les cultivateurs ; mais les alarmistes y voyaient des incendies de moissons causés par la chaleur seule !

Le vent tourna pendant la nuit, et le lendemain il ne

restait plus du phénomène que le souvenir. Je ne sache
pas en effet que l'on meure du sirocco. Pourriez-vous en
dire autant des froids de quinze à vingt degrés qui frappent certains de vos hivers ? Et puis, des soirées de ce
calibre, il ne s'en voit, au pis aller, que tous les trente
ans ; une ou deux dans la vie.

Je me figurais naguère comme vous, cher monsieur,
que la végétation devait d'autant plus vite se flétrir qu'elle
s'était plus tôt prodiguée. Me voici bien désabusé maintenant. Que les gazons n'aient point tous conservé leur
fraîcheur, nul doute. Au paradis seul l'éternel printemps.
L'eau d'ailleurs manque en mille endroits ; mais partout où
transsude le plus petit ruisselet, partout où fonctionnent
des norias, partout où quelque ombre de bois ou de colline se projette, j'ai constamment trouvé la pelouse aussi
verte que les arbres. D'ailleurs vous le savez, nos caroubiers, nos oliviers, nos orangers, ne craignent pas plus le
soleil, que votre buis, vos thuyas, vos sapins ne redou-
tent la gelée.

Quelques ondées annoncent le mois de septembre. Le
vent du nord souffle plus fréquemment, et soulève, en touchant la terre chaude encore du rivage africain, des masses de vapeur qui teignent nos aurores des plus riches
nuances. Les ardeurs de l'été sont finies ; on n'en a plus
que les délices. Les prés reprennent leur ton d'émeraude,
et les fleurs de l'hiver n'attendent pas que celles de l'été
soient flétries pour commencer leur règne. Au jasmin, à
l'héliotrope, se marient le doux cyclamen, la scille mari-
time et vingt espèces curieuses dont les noms ne sont
connus que des botanistes.

La plupart des valétudinaires, disais-je tout à l'heure, quittent trop tôt leur hivernage. Ils viennent aussi le chercher trop tard. Lorsque en novembre ils se décident à se mettre en route, déjà les brouillards malsains de l'automne et les premiers froids de l'hiver ont empiré leur état. Le trajet alors s'effectue dans les plus mauvaises conditions. Ciel gris qui vous chagrine, neige qui vous transit, compétiteurs qui vous disputent les coins en vagons, les cabines au paquebot, mer houleuse qui vous abîme, et pour comble d'avanie, difficulté de se loger comme on voudrait en arrivant. Hôtels, maisons meublées, chambres garnies, sont écrémés déjà. Tandis qu'en s'y prenant au milieu de septembre, on échappe à tous ces ennuis. La triste émigration se change même en partie de plaisir. Bon temps, beau ciel, coins à discrétion, hublot à bord, mer d'huile, et vingt fenêtres à choisir sur la place du Gouvernement. Un magnifique restant d'été charme les premiers jours de l'exil, et vous sauve de la nostalgie. L'installation est faite et parfaite. Viennent les pluies maintenant, vous les supporterez d'autant mieux que vous savez quels doux loisirs, quelles charmantes promenades vous réserve la moindre éclaircie.

La journée des Algériens

La population d'Alger ne m'a paru ni moins nombreuse, ni moins active en été qu'en hiver. Les ouvriers poursuivent leurs travaux, les industriels leurs affaires, les désœuvrés leur flânerie avec le même air de zèle et d'intrépidité qu'à Noël. Leur costume seul est changé. La toile et les couleurs claires au lieu de la laine et des teintes sombres. La troupe, la première, a donné le signal en inaugurant, dès le quinze avril, le pantalon blanc. Le civil, plus frileux, il faut croire, ne s'est dégarni qu'à la fin de juin. Alors seulement, on a vu les Arabes dépouiller un des trois burnous superposés qui les emmaillotent l'hiver, les Maures, quitter leur caban, les Kabyles leur gandoura ; les petits indigènes courir nu bras, nu cou, nu jambes, sans aucun autre vêtement que la chemise de coton et le seroual de calicot ; les Espagnols abandonner la vareuse pour la blousette ; les colons enfin s'habiller de coutil, brodequins de coutil, cravate de coutil, chapeau même garni d'une surcoiffe et d'un bavolet de coutil. Quant aux dames, elles sont partout trop esclaves de la mode pour que les ardeurs du climat leur permettent de rien changer, extérieurement du moins, à l'ordonnance des gravures qui leur sont envoyées de Paris.

La santé publique ne laisse rien ou presque rien à désirer. Je puis à cet égard m'autoriser du témoignage de l'honorable directeur de notre école de médecine, le docteur A. Bertherand qui, de tous les Esculapes d'Alger a la plus forte charge, je ne dirai pas d'âmes, mais de corps.

La fièvre ne sévit que dans certains cantons de l'intérieur, auprès des eaux stagnantes et des terrains nouvellement défrichés ; les dyssenteries ne sont, la plupart du temps, que le résultat d'imprudences.

La seule affection véritablement endémique, c'est la bourbouille, autrement appelée gale bédouine, à cause des rougeurs et des démangeaisons qui la caractérisent. Mais, loin de s'en défendre, on l'accepte comme une inoculation aux aventures du climat ; loin de s'en plaindre, on la bénit comme un dérivatif aux graves indispositions que pourrait occasionner une température insolite. Le fait est que plus elle vous cuit, vous harcèle, vous martyrise, et plus on se sent d'appétit, de gaieté, de vigueur. Sans oublier les plus vieux Africains, elle favorise de préférence les nouveaux débarqués. *Et quorum pars magna fui.*

Voulez-vous savoir maintenant les habitudes, les travaux, les plaisirs de la saison ? A l'avantage d'avoir en hiver des jours plus longs que les vôtres, Alger joint celui d'en avoir en été de plus courts. Les nuits alors suffisent à ce rayonnement de calorique, à ces abondantes rosées qui tiennent presque lieu de pluie. Les matinées ainsi rafraîchies offrent tant d'attrait, qu'à l'opposé de leurs voisins d'Espagne et d'Italie, les Algériens se lèvent de bonne heure. L'aube à peine commence à poindre, que les lampistes laghouatis, armés du long bâton, signe distinctif de leur état, courent d'un réverbère à l'autre et se dépêchent d'éteindre le gaz. Les débitants d'absinthe et de champoreaux ouvrent leurs boutiques, funestes écueils où tout ouvrier qui passe tient à honneur de payer la dîme de son salaire et de sa santé. Ne fallait-il pas, comme ils disent ici, tuer le ver et se mettre le cœur au ventre !

La plupart des ouvriers actuellement employés à Alger sont des maçons, et les maçons des Espagnols. Aussi diffèrent-ils complètement, pour l'aspect, du populaire parisien, si disgracieux en général avec sa tête enfoncée jusqu'au cou dans sa casquette, et la longue blouse bleue qui lui pend jusque sur les mollets. Petits, mais bien proportionnés, les épaules larges, le cou dégagé, la nuque haute, les cheveux noirs, le teint brun, les yeux brillants, les traits plutôt agréables que beaux, l'attitude toujours académique, ils portent un chapeau de feutre élégamment incliné sur le front, une ample chemise de couleur, un pantalon blanc que serre à la taille une écharpe rouge. Leurs pieds sont chaussés d'espadrilles. Vus d'assez loin pour que les taches, trous et pièces de leurs vêtements s'effacent, ils me rappellent ces sveltes titis, ces fringants débardeurs qui, de notre temps, éclipsaient, au bal de l'Opéra, le pierrot, le bébé, le chicard, de mode aujourd'hui.

Le ver expédié comme il faut, ils prennent la direction de leurs chantiers : boulevard de l'Impératrice, nouveau lycée, rue Napoléon, chemin de fer. On bâtit partout maintenant. Et, sauf aux heures de sieste, les voilà, le marteau, l'équerre, la truelle en main, piochant, cognant, travaillant jusqu'au soir. Ni soleil, ni sirocco, ne les arrête. On dirait une armée de salamandres. Les muezzins cependant, perchés dans les hauts minarets, font entendre leur appel nasillard ; et les ombres du crépuscule ne sont pas encore dissipées que déjà les mosquées s'emplissent de croyants.

Bientôt le soleil paraît. Les maisons ouvrent leurs portes et déversent leurs habitants. Ce sont d'abord les maîtres d'hôtel, les ménagères, les bonnes, les ordonnances qui, raccrochés en chemin par le petit commissionnaire maure à deux sous la course, vont au marché faire la provision. Commis de magasin, bureaucrates, clercs, écoliers, étudiants, fonctionnaires, se montrent ensuite. Les flâneurs, les messieurs, les dames suivent de près. Quel lit si doux vaudrait alors les rues baignées d'ombre, et cette divine fraîcheur que répand sur Alger la brise encore tout imprégnée des brumes de la mer et des rosées de la montagne !

A dix heures, on bat la retraite, et les soldats rentrent dans leurs casernes où la sollicitude du règlement, venant en aide à leur imprévoyance, les invite à passer dans le farniente les plus chaudes heures du jour. Les ouvriers suspendent leur besogne. Quelques-uns restent dans les chantiers, mangent la provision apportée le matin, et dorment à l'abri d'un pan de mur en construction. La plupart vont passer chez eux les trois heures de repos qui leur sont accordées.

Les bourgeois cependant, les employés, les officiers déjeunent solidement, trop solidement peut-être, accumulant chope sur demi-tasse, gloria sur petit verre, en dépit de la Faculté qui prescrit aux Européens, sinon la diète frugale adoptée par les indigènes, du moins un régime plus en rapport avec les besoins de l'acclimatation. La gourmandise est, du reste, un peu le défaut caractéristique des civilisations avancées. « Nous mangeons trop » confessait lui-même le grand apologiste de la fourchette, Brillat-Savarin. Et puis, le moyen de résister à l'attrait de ces succulents déjeuners de cinq plats que les pensions d'Alger nous servent pour un prix qui semblerait fabuleux chez vous! La sieste vient après, sieste bénie, sieste sacrée. Je connais des Algériens qui feraient plus volontiers le sacrifice de leur nuit que de leur sieste.

L'activité citadine, un peu ralentie dans le milieu du jour, reprend sur les trois heures, et croît à mesure que le soleil baisse. Alger se présente alors dans ses meilleures conditions d'aspect. L'ombre tant désirée se répand dans les rues, s'allonge sur les places, et repose agréablement l'œil fatigué de lumière. Le ciel se teint de nuances lilas, roses, verdâtres, purpurines. La mer se calme, s'aplanit, s'endort, et sur sa nappe de lapis glissent lentement les voiles dorées par les feux du couchant. Les gens du beau monde ont fait leur toilette, et fuyant les arcades où l'air du soir n'a pas encore eu le temps de pénétrer, ils viennent étaler sur la place du Gouvernement, leurs crinolines et leurs sourires, leurs panamas et leur superbe. On se retrouve, on s'aborde, on circule par groupes, on se concerte, on s'associe pour les plaisirs du soir.

Les musiques de la garnison, qui jouent, en hiver, de quatre à cinq heures, se font entendre le soir, en été, depuis huit heures jusqu'à neuf. C'est à peu près la seule distraction journalière qui soit alors offerte aux Algériens; mais elle a tant de charme que nul ne paraît s'en lasser. Riche et pauvre, civil et soldat, tout le monde s'y porte avec empressement. D'avance on a rangé les chaises, dressé les pupitres. Fournis à tour de rôle par les régiments de ligne, d'artillerie et de chasseurs, les virtuoses ne tardent pas à paraître avec leurs instruments dont le cuivre poli miroite aux feux du gaz ou de la lune. Les dilettantes, suivant leur fortune ou leur fantaisie, s'assoient par groupes sur les chaises, par files sur la balustrade, font cercle debout autour de l'orchestre, ou se promènent à pas comptés en longeant l'allée des platanes.

Les morceaux, en général, ne brillent pas moins par le choix que par l'exécution. On en joue cinq. Un boléro d'abord, une marche, un pas redoublé, façon de lever de rideau qui met en haleine les exécutants et relance au loin les retardataires. Viennent ensuite les compositions de haute graisse, comme disait Montaigne, ouvertures, fantaisies, mosaïques, opéras : la *Dame blanche*, le *Trouvère*, le *Chalet*, *Freychutz*, *Lucie*, le *Prophète*. Une valse pour finir, un galop, une mazurka, quelque chose de vif, de sautillant, de gai : le *Rossignol* avec ses onomatopées musicales ; le *Chemin de fer* où les instruments harmonisent le bruit des roues, de la vapeur et de la foule; la *Saint-Hubert*, avec ses claquements de fouets, ses aboiements de chiens, ses coups de fusil et ses trépignements des cavalcades.

Entre les morceaux, on devise avec cet abandon qu'inspire un esprit heureusement disposé. Rien de tel en effet que la musique pour favoriser l'entregent. Des sympathies

se révèlent, des œillades se glissent, des compliments s'é-
changent, de société à société, de promeneur à prome-
neuse. Tantôt l'obscurité protège les intrigues, tantôt, com-
plice de l'observateur, l'indiscrète Phœbé dénonce les regards, vend les gestes, trahit les sourires. Tout, sous ses
doux rayons, semble beau, riche, aimable. Les femmes sont
toutes jolies, les hommes tous galants, les toilettes toutes
fraîches, les haillons même luxueux.

A neuf heures, on éteint les chandelles, on rentre les
pupitres, et les musiciens regagnent en rangs leur caserne. Le coup de canon retentit, les tambours battent la
retraite, le public se retire, et bientôt il ne reste plus dehors que les flâneurs forcenés et les prolétaires domiciliés
qui sur le rebord d'un trottoir, qui sur les marches d'un
escalier.

A moins toute fois que nos braves ne se fassent, de régiment à régiment, la politesse d'un punch d'adieu ou de
bien venue, politesse que les embarquements de troupes
occasionnés par les affaires d'Italie, de Cochinchine et du
Mexique ont rendue, cet été, fréquente. L'honorable compagnie s'attable alors sous la tonnelle d'un café de choix.
On lui sert à plein bol la liqueur flamboyante. A deux pas,
en dehors du jardin, l'orchestre militaire joue morceau sur
morceau, s'abreuve et joue encore, s'abreuve et joue toujours ; tant et si bien que parfois le son de la cloche qui
détache onze heures du minaret de la mosquée Djedid,
heurte en chemin la fugue d'un piston ou la ritournelle
d'un saxophone. Le public non invité profite, à distance,
bien entendu, de ces agapes fraternelles, et la couchée se
trouve d'autant retardée.

Les Dimanches.

Des fêtes, des solennités varient agréablement l'agréable monotonie des jours ordinaires. Tous les dimanches, il y a, le matin, messe en musique à la cathédrale. Les autorités s'y rendent en grande tenue. Les soldats présentent les armes, les tambours battent aux champs sur leur passage. Le beau sexe abonde. Une demoiselle quête. On exécute de jolis morceaux. Et tout cela ne prend guère plus de vingt minutes. La parade se fait après, sur la place du Gouvernement. Voltigeurs, artilleurs, génie, zouaves, turcos y défilent au pas relevé devant le général Yusuf, que sa noble et gracieuse attitude distingue entre tous les brillants officiers qui forment son cortége.

Le jardin Marengo voit, dans l'après-midi, ses allées pittoresques et ses massifs ombreux se bigarrer des mille nuances qui caractérisent le costume de la plupart des Algériens, qu'ils soient arabes, juifs, espagnols ou même français. La musique militaire joue dans un espèce d'enclos où viennent aboutir les plus riants sentiers de la promenade. On circule à l'entour, fumant la cigarette, lorgnant, baguenaudant, s'entretenant avec ses connaissances ; et dans l'intervalle des symphonies, on va jeter un coup d'œil sur les curieux pensionnaires du jardin zoologique.

Cet établissement, de création toute nouvelle, est l'œuvre du commandant Loche. L'estimable naturaliste s'était à la longue formé, dans une cour mauresque de la rue des Abdérames, une petite ménagerie d'amateur. D'abord ignorée même des voisins, elle s'ébruita bientôt. Ce fut à qui voulut la voir. Mais la curiosité pouvait-elle excuser l'indiscrétion de ces visites incessantes dans la demeure d'un particulier ? On avisa. Le commandant offrit ses bêtes à la ville ; la ville en accepta la charge. Et le jardin zoologique fut. Une panthère, des lions, des singes, des serpents vinrent se joindre tour à tour aux hyènes, aux chacals, aux aigles, aux vautours du noyau primitif. Et telle est aujourd'hui la vogue de cette exhibition, qu'on s'occupe déjà de lui donner plus d'importance. Les bêtes auxquelles l'espace commence à manquer, s'en iraient habiter le jardin d'acclimatation. Un budget suffisant leur serait alloué, non plus par la ville, dont les nombreux besoins absorbent les faibles ressources, mais par l'Etat, qu'un établissement de ce genre ne saurait trop, dit-on, intéresser. La nature du climat et la facilité de l'importation permettraient effectivement d'entretenir des espèces que l'on n'acquiert et ne conserve que bien péniblement dans le nord.

Mais les quadrupèdes et les volatiles admirés suivant leur mérite, revenons au jardin Marengo. Les divines inspirations que vous eussiez rencontrées là, mon cher maître, vous qui les trouvez déjà si jolies dans votre sévère appartement du Marais ! Les délicieux romans que nous eussent valus vos méditations en ce lieu poétique ! Quelques bancs placés à l'ombre des dattiers, des plombagos et des magnolias, y convient les promeneurs au repos, y facilitent les rencontres, y provoquent les liaisons. Le terrain incliné vers la mer y laisse souffler doucement un vent toujours frais et salubre, et dans les trouées du feuillage aux teintes les plus variées, resplendit le double azur du ciel et des flots.

Plusieurs monuments de plaisance marient la blancheur de leurs marbres et la panachure de leurs mosaïques à la verdure des bosquets. Ici, dans un quinconce de bellombras, s'arrondit la coupole d'un petit marabout auquel semblent prodiguées toutes les coquetteries du style levantin. Là, dans un bassin tapissé de végétations aquatiques, s'élève une fontaine aux vasques étagées, aux sculptures moussues, aux cannelures limoneuses. Un buste colossal de Napoléon Ier trône à l'extrémité de la principale avenue ; et plus bas, regardant l'horizon de France, une inscription commémorative gravée sur le socle d'une colonne rappelle que, s'il ne l'a pas entreprise, le fondateur de notre dynastie impériale avait du moins rêvé la conquête de l'Algérie. Enfin, en dehors du jardin mais lui faisant suite pour la perspective, se profile élégamment sur les vieux remparts crénelés de la ville, remparts qu'on est hélas ! en train de démolir, la jolie petite mosquée de Sidi Abd-er-Rhaman-et-T'çalbi, véritable joyau d'architecture orientale et de grâce décorative.

Vous vous êtes peut-être déjà demandé pourquoi ce nom de jardin Marengo dans une province africaine. Voici ce que j'ai lu. Quand, après la conquête, il s'agit de dégager les environs d'Alger qu'obstruaient des cimetières tout pleins de trous et de broussailles, les condamnés militaires furent chargés des terrains contigus à la porte Bab-el-Oued. Et si vite et si bien ils firent, que des pentes adoucies, des allés sinueuses, des massifs d'arbres verts, des plates bandes de rosiers, des bordures de romarin succédèrent comme par enchantement aux touffes de cactus et d'agaves qui hérissaient les flancs abrupts de la colline. Ce paradis improvisé reçut d'abord le nom des ouvriers qui le créèrent ; on l'appela jardin des Condamnés, nom triste et malheureux qui fut, peu de temps après, remplacé par celui de l'officier sous l'intelligente direction duquel s'étaient accomplis les travaux, le capitaine alors, aujourd'hui le colonel Marengo.

Vous vous demandez peut-être maintenant pourquoi ce nom italien de Marengo à un citoyen français. Voici ce qu'on m'a rapporté. Le colonel n'était encore que simple tambour et s'appelait, sauf son respect, Capon, le 14 juin de l'an de grâce 1800. Plein de jeunesse, bouillant de courage, il se couvrit de gloire à l'épopée de Marengo. Napoléon, témoin de ses hauts faits, lui demanda son nom. — Capon, Sire, dit le héros. — Capon, répartit l'Empereur, on s'est trompé pour sûr à ton baptême. Il faut changer de parrain. Prends Marengo !... Quel plus beau titre de noblesse ! Le tambour monta vite en grade, et notre colonel est aujourd'hui maire de Douéra.

Mais au concert du jardin Marengo ne se bornent pas les plaisirs du dimanche. Ils n'en sont même, pour beaucoup de gens, que le pis aller. On a les fêtes patronales. Le moindre hameau du Sahel se croirait déshonoré s'il ne se rigolait au moins une fois l'an comme nos communes de France. Une salle de bal est construite à grand renfort de drapeaux, de lampions et de guirlandes de feuillage. Point de tente ; il ne saurait pleuvoir. On prépare des jeux, quelquefois un feu d'artifice. Des commissaires sont choisis, et puis en avant la trompette. On colle à tous les murs d'Alger des affiches conçues dans un style entraînant. Fête de Chéraga, de Birtouta, de Birkadem, de Saint-Eugène, de la Maison-Carrée, du Ruisseau, de Birmandreïs. Jeu du pot cassé, de la peau de bouc, de l'œuf, du canard, du saut du chat, des ciseaux, de la plus belle grimace. Une robe, un rasoir, une ceinture, une calotte, un peigne pour le vainqueur. Bal gratuit, orchestre nombreux. Tombola !

La route n'est jamais bien longue. Vous partez vers trois heures, à la fraîche, en calèche, en omnibus, à pied. Paysage toujours superbe. Lui seul eût, au besoin, suffi. Pourtant des personnages y manquaient. Voici la fête, les voici ! Quel groupe charmant ! Les femmes sont assises ; créoles, Provençales, Corses, Maltaises, Andalouses. Une Andalouse peut-elle être laide ! Les garçons papillonnent, les gamins assiégent les jeux, les commissaires que distingue un nœud de rubans à la boutonnière, circulent d'un air empressé. Rires, lazzis, gaudisseries. Le jour baisse ; on illumine. Le violon paraît, les quadrilles se forment, et l'on danse une partie de la nuit.

Les Fêtes

Voulez-vous étudier un peuple ? Rien de tel que les solennités. Elles l'attirent dehors et le mettent tout entier sous vos yeux, avec ses défauts et ses qualités, ses misères et ses grandeurs, ses folies et ses recueillements. Aussi, première communion, baïram musulman, arrivées et départs d'escadres, procession du saint viatique, anniversaire de Sidi-Ferruch, distributions de prix, célébration du 15 août, n'en ai-je pas manqué une seule. Il serait bien trop long de vous les décrire toutes. Les deux principales suffiront d'ailleurs pour vous faire juge de leur caractère et de leur magnificence au milieu de nos races mêlées et de nos vastes horizons.

A tout seigneur, tout honneur. La Fête-Dieu d'abord. J'ai déjà vu bien des processions, et des plus merveilleuses, et des plus étonnantes. L'Italie que j'ai si minutieusement explorée ne connaît point, vous le savez, de rivale en ce genre. Nos opéras les plus pompeux ne sauraient donner qu'une faible idée de l'ostentation théâtrale qui, dans Rome, préside aux cérémonies religieuses. Nos carnavals les plus hauts en couleur pâliraient auprès des exhibitions du saint culte chrétien au Corso de Palerme. Mais tout à l'opposé de ces villes singulièrement dévotes, où le burlesque et l'effrayant semblent faire les principaux frais de la fête, Alger n'offre à la piété de sa population fidèle, que des files charmantes et de respectables cortéges.

Vous pensez bien que j'avais choisi pour observatoire le belvédère sans pareil de ma chère maison d'Apollon. Quelques amis vinrent m'y joindre, et d'intéressants entretiens permirent à chacun d'attendre sans ennui le grand spectacle pour lequel fenêtres, balcons, terrasses, et jusqu'aux toits des constructions qui encadrent la place du Gouvernement, se garnirent peu à peu d'une foule immense.

Je vous ai déjà fait vingt fois la description du splendide panorama qui se déroule autour de ma demeure : le Djurdjura plus léger à l'œil qu'un nuage ; l'Atlas aussi bleu que le ciel au zénith ; les pentes du Sahel vertes comme un jardin anglais ; la mer, indescriptible, parce qu'elle est de toutes choses la plus changeante et la plus belle. Il y faut joindre maintenant les drapeaux aux mille couleurs dont les navires s'étaient pavoisés, et les masses de curieux européens, arabes, israélites, qui se pressaient confusément autour de la place.

Un reposoir était au centre, s'adossant au socle même de la statue du duc d'Orléans ; reposoir un peu trop modeste peut-être ; mais quel monument, quelle Babel ériger en ce lieu qui n'eût été quand même écrasé par la grandeur du site ! Il faut vous dire enfin, pour compléter cet inventaire du décor, que le soleil d'Afrique, ordinairement si chaud, si fatigant, surtout à cette époque de l'année, s'était comme exprès voilé d'une vapeur opaline, qui donnait à ses rayons une tiédeur caressante, à sa lumière des tons pleins de douceur, d'harmonie, de suavité.

Vers cinq heures, la procession qui, descendue bien auparavant de la cathédrale, avait déjà, suivant l'itinéraire habituel, évolué par la rue de Chartres, la place Bresson et la rue Bab-Azoun, déboucha, tambours et musique en tête. Oriflammes, dès lors, guidons, bannières, croix, petits garçons, petites filles, jeunes gens, demoiselles, lycéens, pensionnats, séminaires, confréries, sœurs de charité, sacristains, bedeaux, diacres, curés, défilèrent en telle quantité qu'ils étaient innombrables, en tel ordre, élégance et richesse qu'ils faisaient à voir un inexprimable plaisir.

Il y avait des enfants tout roses comme les roses, d'autres bleus comme les bluets. Certaines théories de vierges panachées ressemblaient à des carrés de tulipes ; d'autres, nuancées de lilas tendre, simulaient des collections de fuchsias et des planches de balsamines. On voyait des marmots ailés comme les anges, de petits Saint-Jean habillés de la toison biblique, et des agneaux sans tache enrubannés depuis la queue jusqu'à la tête. Des fleurs partout, partout des fleurs. Tous les fronts en étaient ornés, tous les cierges garnis, toutes les croix enguirlandées. Des cordons fleuris reliaient entr'eux les drapeaux ; et des chérubins couronnés de roses jetaient des pétales de roses devant les pas du bon Dieu.

Car, si long que fût le cortége, le Saint-Sacrement parut enfin sous son dais de velours écarlate. Il s'avança majestueusement au milieu des dignitaires en grand costume, des conseillers en robe rouge, des magistrats en toge noire, des officiers chamarrés de croix, et des ecclésiastiques parés de leurs ornements des grands jours. Au moment solennel de l'élévation, la foule s'agenouilla, les cloches carillonnèrent, les tambours (cent caisses) battirent aux champs, les musiques (six orchestres) entonnèrent l'hymne d'usage, les canons des forts retentirent, et les batteries de l'escadre firent tonner leurs plus bruyantes pièces.

Après avoir béni la pieuse assistance, et la ville infidèle et la terre d'Afrique, au passé si riche de souvenirs, à l'avenir si rempli de promesses, le prêtre, descendant de l'autel, s'est dirigé vers la balustrade qui forme balcon sur le port, et là, pour la seconde fois, élevant le saint viatique, il a béni la mer, la mer, route de France, chemin de la grande patrie. Et dans mon âme, ainsi que lui sans doute, je priais Dieu de rendre sûre et rapide cette voie périlleuse et lente des flots, qui fut depuis la conquête, et sera sans doute encore longtemps, hélas! le plus grand obstacle au progrès de la colonie et au triomphe de la civilisation sur ce beau rivage. Et plus avant encore au fond de mon cœur, je sollicitais une heureuse traversée pour ma bonne mère, qui doit bientôt venir aussi demander au climat privilégié du Fâhz. la santé et le bonheur qu'il dispense si libéralement à son ex-moribond de fils.

Autant la procession avait mis de lenteur à projeter, masser, pelotonner ses longues lignes sur la place, autant, son œuvre accomplie, elle mit de promptitude à se retirer, ou pour mieux dire, à fondre. En un clin d'œil, l'ostensoir et son dais, les prêtres et leur clergé, les hauts fonctionnaires et leurs subalternes, les écoliers et leurs mentors, les militaires et leur musique, les vierges couronnées, les bambins pomponnés, les Saint-Jean, les agneaux, eurent rendu le terrain libre à ses promeneurs habituels. Les ornements sacrés furent enlevés de l'autel, les tapis relevés, les roses balayées.

Cependant le soir était venu. Les pavois des vaisseaux, jusqu'alors flottillant au souffle de la brise, pendirent mornes, faute d'air, et bientôt, rappelés par un même signal, glissèrent au long des cordages. Les hirondelles, un instant envolées par joyeuses nuées dans le ciel, rentrèrent dans leurs nids. Les tambours de la garnison battirent la retraite. Soldats, passants et flâneurs, tour à tour disparurent. Et moi, seul à ma fenêtre, le cœur débordant d'émotion et la tête de souvenirs, je demeurai longtemps encore à contempler la mer, le ciel, les étoiles et toutes ces splendeurs nocturnes qu'il semblait que les bénédictions du jour eussent rendues plus que jamais immenses.

Deux mois après cette imposante cérémonie eut lieu la fête du 15 août. Je ne vous décrirai ni les salves d'artillerie, ni le *Te Deum*, ni les distributions de secours. Ces préludes de la journée se règlent ici comme en France. Les réjouissances proprement dites ne commencent que vers trois heures, sur la place du Gouvernement. Déjà très piquants par eux-mêmes, ces vieux amis de la gaieté gauloise empruntent au mélange des races, à la bizarrerie des costumes, à l'accentuation des physionomies, un surcroît de haut goût et d'étrangeté.

Tandis qu'amateurs effrénés du baquet, les Biskris se disputent la gloire d'être mouillés, trempés, lavés ; que les yaouleds plus agiles, mais non toujours plus heureux,

opposent l'art inné d'une équitation fantastique aux rodo-
montades du tourniquet, une légion de nègres envahis-
sent la place. Un drapeau les précède avec cette devise :
Vive la liberté, abolition de l'esclavage. Les uns frappent
comme des possédés sur d'énormes tambours, les autres
font choquer entre leurs doigts crochus des castagnettes
de fer aussi grandes que des assiettes. Et puis, ils se mettent à danser, à sauter, à bondir, à tournoyer comme des
énergumènes. Un vacarme à vous assourdir, un spectacle
à vous ahurir. J'avais déjà, l'hiver passé, vu quelques
scènes de ce genre, aux lumières, dans une cour ; mais
combien celle-ci me parut plus bizarre, plus diabolique, en
plein soleil, au milieu de ce fourmillement aux mille nuances, de ce brouhaha aux mille clameurs ! Je suis bien sûr
que dans la foule on n'eût pas trouvé dix gibus. Les habits noirs brillaient par leur absence. On ne voyait stationnant, grouillant, flottant, que burnous blancs, jambes
nues, chemises bariolées, calottes rouges, chapeaux de
paille et feutres mous de toutes les couleurs.

Un changement d'exercice appelait-il l'attention sur un
nouveau point, il se faisait aussitôt des courants, des flux,
des remous, des poussées étranges. Les groupes se fondaient, les lignes se rompaient, les cercles se brisaient
pour s'aller reformer ailleurs. Et le factionnaire turco, si
ferme pourtant, si tenace à la consigne, ne pouvait qu'à
grand'peine discipliner ces évolutions formidables.

Je n'avais encore jamais eu l'occasion d'assister à l'assaut d'un mât de cocagne. Que de travail, de luttes, de
courage ! Il faut d'abord essuyer, dépolir le bois. Il glisse,
il se dérobe. Chacun y met toute sa force, tout son génie,

toutes ses loques. L'un sacrifie son mouchoir, l'autre compromet sa chemise. On s'entr'aide d'abord, quitte plus tard à s'entrenuire. On fait la courte échelle, on se grimpe sur les épaules, par quatre, par cinq de hauteur. Et puis, au premier parvenu, qu'il ait gratuitement profité du labeur de tous, qu'il les ait déloyalement surpassés, n'importe, la foule admire et bat des mains. N'est-ce pas là la vie humaine !

Il y eut le soir une illumination superbe. Des aigles, des guirlandes, des lustres, des devises, se dessinaient en lignes de feu tout autour de la place. Les lampions, les verres de couleur, les lanternes chinoises éclairaient nombre de fenêtres. La cathédrale, les mosquées et la plupart des monuments publics présentaient un rare coup d'œil.

Le feu d'artifice ne laissa rien non plus à désirer. Ce festival pyrotechnique demande moins la prodigalité des pièces qu'un point convenable pour en jouir. A Paris, on vous refoule trop au loin, et vous ne voyez souvent que du feu, pardonnez-moi le jeu de mots, dans les plus beaux feux du monde. Ici, j'étais comme dessous, au milieu de cette vaste esplanade où se pressaient des masses de population. Les chandelles romaines, les ballons enflammés et les fusées volantes pleuvaient sur nous dru comme grêle, et par instants il semblait qu'on fût sur le bord d'un volcan. Le morceau principal représentait un palais mauresque entre deux palmiers. Mais ce qui m'a le plus frappé, ce sont des feux de Bengale bleus, blancs, rouges et verts qui, disséminés dans la montagne, répandaient un jour intense, mais singulier, sur les spectateurs, et faisaient briller tour à tour, en des nimbes d'apothéose, les vieux murs de l'antique Alger, le Fort-Neuf, l'élégant marabout, et les bosquets du jardin Marengo.

A huit heures, au son de deux orchestres servis par les musiques de la garnison, un bal populaire eut lieu sur la place, bal tumultueux s'il en fut jamais, plein de gaieté rebelaisienne. Il fallait voir ces entrechats, entendre ces lazzis : zouaves avinés dansant la tarentelle, négros débraillés tournant comme des toupies, gamins en haillons couvrant les saxophones de leurs cris. De la tribune où je m'étais posté, la place offrait un spectacle incroyable. C'était, au gré des comparaisons, une mer houleuse, une émeute, une bacchanale, un cercle de l'Enfer du Dante.

Mais un billet reçu trois jours auparavant d'une main obligeante et restée inconnue, me conviait à des polkas moins turbulentes. Chemin faisant pour y prendre part, je rencontrai, dans la rue Bab-el-Oued, la musique de l'infanterie qui sonnait la retraite. Trente spahis aux turbans blancs, aux burnous écarlates, l'éclairaient en portant des torches. Une foule épaisse suivait, et le cortége accomplissant, au milieu de bravos frénétiques, un itinéraire indiqué, tourna devant la cathédrale, longea la rue Napoléon, défila devant la statue du maréchal Bugeaud, descendit la rampe du Palmier, et regagna son gîte par la rue Bab-Azoun.

Mabille et le Château des fleurs nous ont gâtés dans leurs fêtes de nuit. Il serait difficile, je crois, d'en surpasser l'éclat. Mais le jardin Marengo, avec ses arbres des tropiques, ses allées onduleuses, ses girandoles de lanternes s'accrochant au tronc bizarre des bellombras, se balançant dans le feuillage des dattiers, se distinguait par un cachet oriental inconnu sur les bords de la Seine.

Que vous dirai-je des toilettes, des danses, des rafraîchissements? Trois mots suffiront : bon goût, gaieté, profusion. La Chaussée-d'Antin ne peut rien de mieux. Mais je dois appuyer sur un détail qui semble propre à la seule Algérie, la rare beauté de créoles. Toutes les françaises nées sous ce ciel ont un charme de physionomie, une douceur de regard, une fraîcheur de carnation surtout, dont Catane elle-même si fameuse pour ses jolies femmes, offrirait peu d'exemples.

On s'amusa toute la nuit, et l'aube seule eut raison du bal. Il fallait voir alors se retirer lentement, deux à deux, trois par trois, les galants cavaliers et les jolies danseuses! Point de chapeaux, point de mantilles, point de parapluies; mais la tête nue, les bras nus, l'éventail à la main, comme dans un salon; et salon vraiment que ce beau jardin, avec sa température de calorifère, ses lambris de feuillage et son plafond d'azur!

Et puis, dans les maintiens un aimable abandon, dans tous les yeux de doux regards, sur toutes les lèvres d'attrayants sourires. Que de secrets à deviner! que de romans à saisir au vol! Je vous le répète, mon cher maître, Alger est la patrie du roman, ou du moins il en possède au plus haut degré la suprême essence, l'amour! « Les joies de l'amour, a dit un poëte africain, qu'elles sont vives dans ce pays où la beauté du ciel vous enivre, où la fraîcheur de l'ombre vous trouble, où le chant des oiseaux est plus passionné qu'ailleurs, où l'humble cri de la cigale elle-même semble un refrain d'infatigable plaisir! »

La Campagne

Si j'avais de la famille ici, quelques intimes, un simple compagnon, j'aurais voulu passer l'été à la campagne. C'est ce que font beaucoup d'Algériens même très occupés. Vous connaissez cette existence amphibie qui consiste à ne rester en ville que les heures strictement dues au travail du bureau, pour vivre le reste du temps dans un cottage de banlieue. Ces villégiatures saccadées entraînent à Paris de nombreux mécomptes. D'abord, il faut courir très loin pour trouver la campagne vraie. Tant de rues, tant de faubourgs à traverser! Les deux trajets, aller du matin et retour du soir, prennent alors les proportions d'un voyage. Et quel voyage! En voiture, vous êtes assourdi par le bruit du pavé, ou éclaboussé par la fange du macadam ; il vous faut suivre un long, long, long boyau de rue que bordent, spectacle assommant, des maisons, des maisons, toujours des maisons. En chemin de fer, les préoccupations de l'exactitude vous assiégent une heure avant le départ, vous poursuivent une heure après l'arrivée. Moins de boue, mais plus de fumée; moins de maisons, mais des tunnels humides, sombres, inquiétants ; une tranchée de mine, un soupirail d'enfer.

Vous perdez ainsi la meilleure partie de votre temps mignon. Si le reste encore profitait toujours! Mais il faut dîner à la hâte; le jour baisse si vite! Et que de fois la pluie n'a-t-elle pas contrarié le petit tour de parc ou de jardin que vous vous promettiez de faire avant la nuit!

Vous demeurez alors au logis, non moins renfermé, non moins claquemuré, mais un peu moins commodément installé que dans votre appartement de la rue Payenne. Les matinées sont fraîches ; un épais brouillard les attriste souvent. La rosée ne sèche guère avant midi. Le bureau vous rappelle à dix heures. Ou, supposé même un congé, des vacances, combien de fois, vu le mauvais temps, ne devez-vous pas substituer aux délassements champêtres, le boston, le trictrac, ou, suprême déboire, le loto !

Ici, cher monsieur, la vie de campagne a, sans restriction ni interruption, tout ce qu'on peut humainement souhaiter. Proximité de la ville, trajet amusant, végétation superbe, temps dont le seul défaut est la trop constante sérénité. Le Frais-Vallon, Saint-Eugène, la vallée des Consuls, El-Biar, Mustapha, Hussein-Dey, Kouba, se trouvent presque aux portes d'Alger, et l'on y peut choisir à souhait, l'artiste une maison mauresque avec sa terrasse et ses colonnades ; le bourgeois une habitation française aussi confortable que laide ; le personnage, une de ces villas récemment construites où la grâce d'un style moitié gothique et moitié byzantin ne le cède qu'à la perfection des aménagements. Tous sites à ravir. Ici des pentes gazonnées, boisées, fleuries, qu'envierait la Touraine ; là des rocs sourcilleux comme au fin fond des Apennins ; la plaine du Hamma, un jardin enchanté ; la chaîne de l'Atlas, une écharpe d'azur ; la mer enfin, la mer !

L'invasion de 1830 avait fort maltraité les vergers du Sahel. Bien de hautes futaies, bien de nobles palmiers, bien des oliviers séculaires ont chauffé les bivouacs et fait cuire la soupe de nos enfants terribles de troupiers qui, venus pour venger un outrage, étaient loin de se douter qu'en même temps ils fondaient une colonie. Mais aujourd'hui ce vandalisme est en grande partie réparé. La sève a, sous ce ciel, une telle puissance que déjà les arbres plantés sous le gouvernement du maréchal Clauzel se confondent avec les contemporains de Barberousse.

Il faudrait avoir vu, pour se rendre bien compte d'un reboisement si soudain, le jardin d'Essai; les campagnes princières du Gouverneur, du général Yusuf, du comte de Gerson, sur les pentes de Mustapha; la villa du docteur Trollier, à Fontaine-Bleue; les cultures de M. Parnet, à Hussein-Dey; la terre de M. Simounet, au pied des coteaux de Kouba; et cent autres dont je ne connais pas les heureux possesseurs.

Votre honorable ami, M. de Toustain du Manoir, habite, au milieu des charmants vallons d'El-Biar, une propriété délicieuse. Il voulut bien m'y recevoir un jour. La route est des plus agréables. Après avoir franchi la porte du Sahel, on suit la crête de la montagne. Des buissons d'agaves et de cactus, des massifs de cyprès, des haouchs bien tenus, s'étendent sur la droite. A gauche se déploie, dans les bleuâtres profondeurs, l'incomparable panorama de la baie d'Alger. On tourne bride auprès d'une jolie petite église, et l'on descend dans une voie romaine au-dessus de laquelle se recourbent et s'enchevêtrent une telle quantité d'arbres et de lianes, qu'on dirait un tunnel de verdure. Contrairement à la plupart des habitations de ce village qui, perchées sur des mamelons, semblent autant d'observatoires, celle de votre ami ne s'aperçoit que de près. Elle est comme enfouie dans une forêt vierge. Une double rangée de caroubiers et de lauriers roses lui sert d'avenue. Veut-on jouir du paysage, un réseau d'allées pleines d'ombre vous mène à des points de vue pittoresques. La santé et le bonheur m'ont paru fleurir dans cet Elysée.

Qui ne croirait, les yeux fermés, à l'excellence d'une campagne où se plaisent, même en été, les horticulteurs! J'en ai rencontré plusieurs ici qui jadis gravitaient autour de mon père, un maître comme vous savez. M. Laffey, l'un d'eux, possède aux alentours de Kouba une terre dans laquelle je suis allé le visiter plusieurs fois. On prend, pour s'y rendre, le chemin qui mène au vallon de la Femme-Sauvage. Une demi-heure suffit au trajet. La maison de l'horticulteur est simple, mais commode, et magnifiquement située. Si je voulais peindre un tableau d'Alger, c'est ce point que je choisirais. Le jardin, vous devinez ce qu'il doit être entre les mains d'un homme si versé dans l'art de la bouture et de l'assolement. Une puissante haie d'arbres épineux lui sert de clôture. Des oliviers, dont on n'ose imaginer l'âge, des peupliers d'une espèce particulière, l'ombragent en grande partie. Sur le terrain, doucement incliné vers la mer, s'épanouissent par milliers des fleurs de tout pays.

Je connais un avocat, ou plutôt, comme on dit ici, un défenseur, qui passe tous ses étés à la vallée des Consuls. Il plaide, cependant. La vallée des Consuls est moins une vallée qu'un plateau suspendu à mi-côte de la Bouzaréah. Deux chemins y conduisent. L'un, carrossable tout entier, zigzague aux flancs abrupts de la montagne, et passe au pied de la nouvelle église de Notre-Dame d'Afrique. Si très peu d'arbres l'ombragent, une interminable série de beaux aspects l'enchantent. L'autre chemin longe le rivage au milieu des bastides qui rappellent en cet endroit les environs de Marseille. Mais arrivé devant Saint-Eugène, il faut quitter la voiture et gravir à pied des sentiers ardus dont néanmoins les grâces alpestres font, tout le temps, oublier la raideur. Mon homme occupe une maison mauresque au milieu du jardin le plus touffu de la vallée. Fanatique de couleur locale, tout ce qu'on peut désirer en ce genre, il l'a : cour entourée de galeries, colonnes torses, balustre enluminé, bassin de marbre, poissons rouges. Il voit le paysage à travers des fenêtres grillées comme dans les romans espagnols. Il lit le *Mobacher* à l'ombre des térébinthes. Il mange des bananes et boit du café maure.

Mais à tous ces plaisirs, il préfère encore la chasse. Entendez-le vanter la faune du Sahel et de la Mitidja ! Les cailles sont si grasses, leur vol est si pesant, elles partent si près, qu'on en peut expédier jusqu'à cinquante et plus dans sa journée. Les perdrix, la chaleur les énerve à tel point, qu'elles s'endorment dans les arbres où l'on n'a plus que la peine de les tirer à bout portant. Le lièvre et le lapin pullulent en beaucoup d'endroits. Des gibiers inconnus chez vous, le raton, la genette, le chacal et même l'hyène, varient les émotions du chasseur. Et pour peu qu'on pénètre dans la province, on rencontre le ganga, le flammand, le singe et l'outarde.

La journée d'un particulier

Il faudrait avoir vécu la vie de chacun pour connaître tous les moyens de satisfaction que peut fournir
Alger pendant l'été. Aussi me bornerai-je à vous faire
le récit d'une de mes journées. *Ab uno disce omnes.*
Peut-être y trouverez-vous des détails sympathiques.
Et voyant quel bon lot a su tirer un individu venu
seul, inconnu, désœuvré, maladif, il vous sera facile
d'imaginer le sort que ce pays réserve à qui l'aborde
avec de la famille, des amis, des intérêts, de la santé.

Je dors les fenêtres ouvertes. Ce sommeil en quasi-
plein air qui serait, je suppose, fort dangereux à la
campagne, n'offre, à la ville, nul inconvénient. Les habitations, chauffées de reste tout le jour, y sont trop
serrées les unes contre les autres pour que la fraîcheur
des nuits puisse sensiblement les atteindre. Le matin
donc, nulles persiennes à pousser, nuls rideaux à tirer,
nul mal à se donner pour jouir à pleins yeux du spectacle si beau de l'aurore. Je m'éveille à la douce clarté
de ses premiers rayons, au toucher délicat des fraîches
brises qu'elle apporte, aux cris joyeux des hirondelles
qui la saluent en voletant par milliers dans les airs.
Calculez sur l'esprit, sur l'humeur, sur le tempéra-
ment, les effets de semblables préludes ! Une journée
peut-elle être mauvaise après !

Les premiers instants du matin, je les donne à ces menues affaires, à ces loisirs, à ces riens qui sont plus véritablement le travail et le bonheur que nombre d'occupations et de jouissances trop vantées. Vous devez en savoir quelque chose. On note ses impressions de la veille, on écrit des lettres, on taille des crayons pour les croquis du jour. On médite un article, on moule une copie, on recoud un bouton. On va, vient, fait cent tours, passant ici la revue des dessins fixés à la muraille, arrosant là des fleurs, consultant un miroir pour le nœud de la cravate, ou regardant par la fenêtre le mouvement de la population déjà très curieux à cette heure. La toilette, soin toujours ennuyeux pour qui ne comprend rien aux joies de la fashion, marche pendant ce temps, et l'on est quelque fois tout surpris de se trouver chaussé, lavé, coiffé, vêtu de pied en cap, sans l'avoir fait exprès.

Il est sept heures environ quand je sors. Vous me voyez de là-bas : le large chapeau gris, le pantalon blanc, l'habit couleur mauve, très pâle (on brave ainsi plus impunément le soleil), la canne à la main, la cigarette aux lèvres, un album, une brochure, un manuscrit dans la poche. Le bon moment ! Je ne me rappelle pas avoir une seule fois descendu l'escalier tristement. Quelles appréhensions, quels mécomptes, quels chagrins ne céderaient ici devant le prestige d'une matinée d'été ! N'en déplaise à messieurs les gourmands, les voluptueux, les ambitieux, les superbes, il y a pour certaines organisations quelque chose de plus enivrant que le vin, les femmes, la richesse, la gloire, c'est un ciel bleu, avec un air doux, et l'indépendance.

Je traverse à pas lents, l'œil au guet, en observateur, la place du Gouvernement et les arcades de la rue Bab-Azoun. Quelques types nouveaux sont examinés, quelques visages connus salués, quelques amis complimentés. Je ne crois pas qu'il existe au monde de ville où l'on se crée plus aisément qu'ici des relations. Il suffit que vous ayez une fois allumé votre cigare à celui d'un particulier, causé quelques minutes avec un voisin sur les chaises, pour que ce soit une connaissance. Avec une connaissance, on connaît toute la ville. Il paraît y régner une homogénéité digne des âges patriarcaux. J'ai vu dans la rue, les dignitaires les plus décorés. les dandys les mieux pomponnés, frayer avec des gens dont le mérite se cachait sous un habit plus que modeste.

Lorsque je suis de quelques minutes en avance, je fais volontiers une fugue au marché. Il est situé sur la place de Chartres, en contre-haut de la rue Bab-Azoun. On y monte par un escalier dont les marches sont continuellement encombrées par une foule d'individus, les uns rôdant autour des magasins qui le bordent, les autres stationnant, fumant, jouant aux cartes dans la poussière. Ce sont, les premiers, des passants, des soldats, des galopins ; les seconds des commissionnaires n'ayant pour tout vêtement qu'une longue chemise aussi sale et trouée que possible, et pour tout gagne-pain qu'une couffe destinée à recevoir les objets qu'on leur donne à porter.

Le marché n'est pas couvert ; et l'on n'a, s'il vient à pleuvoir, d'autre refuge que les galeries qui l'entourent. Mais pleut-il jamais en été ! Quant au soleil, l'ombre de quelques maisons basses et le feuillage de deux maigres saules pleureurs sont seuls chargés de vous en garantir. Mais le matin de bonne heure, ces abris suffisent. Une fontaine assez jolie occupe le milieu de la place. Les marchands sont rangés en lignes parallèles, non si régulièrement toutefois, que l'œil ne puisse trouver çà et là des scènes de ce beau désordre si cher à l'artiste : paniers trop pleins qui se renversent, agents qui saisissent des fruits gâtés, portefaix qui se disputent, chiens qui se battent, caouadji qui circule, la pince à feu dans une main et la tasse de café dans l'autre.

On peut bien dire que toutes les races du monde et toutes les productions de la terre sont représentées en cet étroit espace, depuis le nègre du Soudan jusqu'au Samoïède de la mer Glaciale, depuis le coco des tropiques jusqu'à la pomme de pin des forêts sibériennes. Le public, chalands, vendeurs, parasites, fusionne à l'envi : le colon avec le Bédouin, la redingote avec le burnous, le châle avec la gandoura. Mais les denrées sont autant que possible rangées par espèces. Les fleurs à droite, les œufs et le fromage à gauche ; ici les grains, là la verdure ; les fruits d'un côté, les légumes de l'autre.

C'est autour des fleurs que l'on flâne le plus volontiers. Tout vous y attire de prime abord : l'odeur, l'aspect, la compagnie. Si quelque noble dame en effet, quelque élégant cavalier, quelque gentille donzelle, affronte les éclaboussures et les bousculades du marché, ce n'est guère en général que pour y faire emplette de bouquets. Ces bouquets sont de plusieurs sortes : les simples, dont nul art n'a groupé les fleurs ; les composés, où des cercles de roses, de réséda, d'héliotrope, convergent autour d'une tubéreuse ou d'un magnolia central; et les bouquets arabes auxquels suffit une poignée de violettes ou de cassies entourées de feuilles de géranium. Quant aux chapelets d'églantine et de jasmin, dont les Maures aiment tant à s'orner les oreilles, ils font l'objet d'un petit commerce ambulant.

On aurait beau passer des années à Alger, qu'on ne pourrait se lasser d'admirer certains produits du sol. Les pommes de terre, les piments, les cédrats, les raisins son d'un volume prodigieux. Il y a des melons de toute taille et de toute couleur. Je suis, un jour, tombé comme en extase devant des bottes d'ognons et des paquets de raves. A ces comestibles, dont le type nous est, du moins, connu, se mêlent des végétaux singuliers, mystérieux, hyperboliques : des gombauds, sorte de capsule cotonneuse, recherchée des indigènes qui, paraît-il, la mangent en salade ; des pommes de merveille (un savant m'en a dit le nom : *momordica balsamina*), fruit rugueux d'un jaune éclatant, avec des grains améthystés qui servent à fabriquer un remède contre les piqûres ; enfin des figues de Barbarie en telle quantité qu'elles tiennent au moins le quart de la place.

Les Algériens accusent pour la figue de Barbarie un goût non moins vif que les Anglais pour le pudding, les Allemands pour la choucroûte, les Provençaux pour l'ail, et les Italiens pour le macaroni. Comme elles sont d'un transport et d'un dépouillement assez difficiles, vu leurs aiguillons, on les mange ordinairement sur place, devant l'établi même du marchand qui vous épluche et présente successivement avec adresse et promptitude les dix ou quinze fruits auxquels donne droit la modique somme de cinq centimes. Si le yaouled et le journalier espagnol forment la principale clientèle de ces débits populaires, l'élégante et le gandin créoles s'en passent aussi volontiers la fantaisie. J'ai vu plus d'un porte-monnaie de chagrin à fermoir doré s'ouvrir pour acquitter le prix d'une consommation qu'on ne songeait même pas à dissimuler. Estimable franchise! Pleine d'une eau fraîche et limpide, mais médiocrement savoureuse, la figue de Barbarie possède, assure-t-on, des vertus opportunes en ce climat débilitant.

Je vous ai déjà dit par quel singulier traitement les médecins m'ont guéri d'un spleen aussi noir qu'opiniâtre; ils m'ont fait faire de la gymnastique, mais là, rudement, indéfiniment, comme un bateleur. Le superbe régénérateur de l'homme, Triat, le grand Triat, vous l'attesterait au besoin. C'est à ses cordes lisses, à ses trapèzes, à ses haltères que j'attribue en partie le retour de santé dont je jouis à cette heure. Aussi, pour éviter des rechutes probables, me suis-je imposé l'habitude d'exercer tous les jours un peu l'appareil musculaire.

Alger n'a pas de gymnase public. Je crois même qu'il serait fort difficile d'y trouver d'autres instruments que les barres et les trapèzes établis pour les collégiens dans une petite cour écartée du lycée. La protection de M. de Toustain et l'obligeance du proviseur m'ont valu l'entrée de cette cour. C'est là que je me dirige après la visite du marché. Les élèves sont en récréation. Je passé au milieu de leurs jeux; je traverse leur quatre coins et coupe leur cheval fondu. Aussi, des balles, des toupies me caressent-

elles parfois les mollets en revanche. Ils ont paru d'abord
très étonnés de me voir ainsi m'enfermer tout seul dans
leur petite cour. Les plus curieux se mirent aux écoutes,
entre-bâillèrent la porte et finirent par me surprendre au
milieu de mes cabrioles. Émoi, stupéfaction. On me sup-
posa des prétentions à l'emploi de gymnasiarque. Le titu-
laire même, je l'ai su plus tard, en conçut quelque crainte
Mais bientôt la vérité se fit jour; et maintenant, loin d'exci-
ter la moindre défiance, je ne passe plus sans qu'une demi-
douzaine de mains, tant de maîtres que d'élèves, viennent
serrer la mienne. Aimables écoliers ! que ne puis-je reprendre avec vous l'uniforme et la camaraderie de Louis-
le-Grand ! Je n'ai plus votre âge, soit ; mais j'ai votre
jeunesse encore.

La Musique militaire

Après vingt minutes environ d'exercice, je me rends
à la caserne. Au collége ! à la caserne ! Vraiment, si je
me bornais à vous dire, sans l'expliquer, l'emploi de mon
temps, vous ne sauriez plus, cher monsieur, que penser
de votre ami. Mais pour s'avouer peintre amateur et gri-
bouilleur humoristique, il n'en réserve pas moins tout entier son caractère d'animal raisonnable. Vous connaissez
les tristes circonstances qui m'ont ravi, dès l'âge de vingt
ans, cette élasticité du tympan indispensable pour jouir de
la musique de théâtre et des orchestres de salon. Depuis

›lors, adieu les brillants opéras, adieu les tendres symphonies, adieu ces récréations de l'oreille qui trompent le chagrin et doublent le bonheur ! Insensible, ou peu s'en faut, au gazouillement délicat du violon, du piano, de la guitare et de la flûte, l'ouïe, chez moi, n'est plus apte à saisir et goûter que la voix retentissante des instruments de métal. Pour comble de disgrâce, ce débris de faculté ne trouvait à Paris que de rares satisfactions. On y fait bien de la musique militaire; mais quand? à l'heure du dîner; mais où ? nul n'en sait jamais rien. Aussi n'avais-je guère entendu, depuis ma sortie du collége jusqu'à mon débarquement sur cette rive fotunée, que des trompes de conducteur et des orgues de Barbarie.

Jugez donc de ma joie lorsqu'en abordant pour la première fois la place du Gouvernement, j'y trouvai plus de quarante cuivres rangés en cercle et faisant vibrer l'air de leurs retentissants accords ! Finie la privation, déjoué le malheur! Des mélodies, des passages, des airs entiers, que j'avais à la longue oubliés, remplirent mon oreille d'enchantement et mon cœur d'heureux souvenirs. Jugez en outre de mes transports lorsque j'appris que la musique avait ainsi lieu tous les jours, alternativement exécutée par la ligne, l'artillerie, les chasseurs et les zouaves. Incontestablement, la douceur du climat, la beauté des horizons, le charme de l'indépendance sont pour beaucoup dans les motifs qui m'attachent à ce pays, mais nul doute que la récupération des plaisirs les plus fins de l'ouïe n'y entre également pour une large part.

Vous pensez bien que dès lors je n'aie plus voulu manquer un seul de ces concerts providentiels. Arrivé le pre-

mier, toujours au premier rang, j'en partais le dernier.
Mon assiduité fut remarquée par les chefs de musique.
L'un d'eux voulut même bien un jour m'en complimen-
ter. Le reste se devine. Nous causâmes entre les morceaux. Rien ne lie plus vite les gens que la similitude des
goûts. Ma prédilection pour les cuivres devait toucher particulièrement un homme voué dès son enfance au culte
du sax-horn. Il me proposa d'assister à ses répétitions
du matin. C'était, vous comprenez, le plus grand service
qu'il pût me rendre.

Je ne perdis pas un seul jour pour répondre à son
obligeante invitation. Je ne connaissais encore des casernes que la façade, et cette perspective était peu de nature à me les faire aimer. L'intérieur me plairait mieux
sans doute. J'entre. On me donne un planton pour guide. Je traverse une vaste cour; des soldats y pansaient
leurs chevaux. Je monte un escalier tournant, et me voilà dans la chambrée. Les musiciens, rangés en cercle au
fond, mettaient en préludant leurs instruments d'accord.
Leur chef me voit, m'accueille en camarade et m'offre,
pour m'asseoir, un lit.

Le spectacle d'un casernement ne manque pas, comme
nous disions à l'atelier, de cachet. Soixante lits environ
meublent la pièce. Ils y sont rangés sur deux lignes, la
tête contre la muraille. Deux espèces de chenets de fer
et trois planches en forment le châlit. Le reste, draps,
traversin et matelas, dont la nuance quelquefois pourrait
laisser à désirer, disparaît sous une bonne couverture grise
qui donne à l'ensemble un air de confort et de propreté.
Au long des murs courent des rayons sur lesquels les

effets sont méthodiquement disposés : sacs, souliers, habits, fourniments. A de gros clous pendent les sabres, les gibernes, les fourragères. Mais ce qui caractérise la chambrée des musiciens, ce sont les instruments. Trompettes, trombones, pistons, sax-trombas, saxophones, saxhorns, cloches, tambours, timbales, castagnettes, on en voit partout, sur les lits, sur les planches, aux murailles, jusqu'au plafond. Les fenêtres donnent d'un côté sur la cour, de l'autre sur la mer. Un soleil resplendissant, des jours pleins de reflets éclairent le tableau, frappant ici la bande écarlate d'un pantalon, faisant briller là des boutons de veste, accrochant une lumière à la poignée d'un sabre, ou laissant discrètement dans l'ombre un soldat qui s'habille. Avis aux peintres de genre.

On commença par jouer l'ouverture de *Guillaume Tell* qui figurait au programme du soir. Déjà dehors j'entendais presque bien ; j'entendis parfaitement dans la caserne. Les murs y sont d'une sonorité remarquable, et l'on peut à loisir s'approcher des virtuoses. J'avais craint d'abord que les interruptions, les reprises, les tâtonnements ne détruisissent en partie l'agrément que je m'étais promis. Mais loin de là ; des répétitions dites de détail avaient depuis longtemps débrouillé la matière, et tout marcha le mieux du monde. L'exécution favorisée par le négligé du costume, la qualité de l'éclairage et l'absence de ce public dont une moitié gêne et dont l'autre intimide, me parut même supérieure à celle de la place. Inutile de dire si je manquai désormais une seule de ces excellentes répétitions. Elles ont lieu tous les matins et durent à peu près deux heures, douces heures, dont pourtant j'ai trouvé moyen d'augmente encore le charme. Il est rare en effet que je n'aie pas quelque lecture en train, quelque composition sur le métier. J'apporte mon ouvrage. La musique éveille l'idée, la pare, l'enrichit ; l'idée, réciproquement, anime la musique, l'explique, la complète. Le roman semble plus touchant, et la symphonie plus mélodieuse.

Mes virtuoses ont adopté un petit chien noir qui, loin d'accueillir comme ses congénères la musique par des hurlements, semble au contraire possédé du plus ardent dilettantisme. Il ne manque pas une seule répétition, il assiste régulièrement aux concerts de la place, et suit obstinément ses maîtres partout où leur service les envoie, à la parade, au bal, à l'église. Vienne la guerre, il y sera. Je me prends quelquefois à rire en songeant que moi aussi je suis un peu devenu, à l'exemple de leur petit chien noir, le satellite de ces braves gens. Ils n'exécutent plus guère de morceau que je n'accoure pour l'entendre. Ce zèle me vaut quelquefois des parties délicieuses.

Un soir, par exemple, je fus averti que la musique irait, le lendemain matin de très bonne heure, accompagner de ses accords l'exercice à feu sur la plage d'Hussein-Dey. Levé comme toujours à l'aube, je me rendis au carrefour Bresson et trouvai, devant le théâtre, un omnibus au nom baroque qui ne mit guère plus d'une heure pour compléter son chargement et se décider à partir. Je connaissais déjà les beautés de la route pour l'avoir explorée vingt fois en hiver ; mais qu'elle était encore plus pittoresque et plus riante en cette fraîche matinée d'un radieux jour de juillet ! Les verts coteaux de Mustapha, les villas mauresques du Telemli, les hauts platanes du jardin d'Essai, la coupole orientale du grand séminaire, les pentes marbrées de l'Atlas, offraient, dans la vapeur ténue qui les voilait encore, un tableau dont il serait difficile d'imaginer la beauté. Du reste, il n'est paysage si laid que ne puisse embellir l'aurore.

Je trouvai l'école installée sur cette vaste lande que forme, de ses alluvions, l'Harrach à son embouchure. Les canonniers étaient à leurs pièces, servant, chargeant, braquant, pointant, faisant feu. D'épais nuages de fumée, bleuâtres à leur centre et frangés sur leurs bords des plus riches nuances, s'arrondissaient, s'allongeaient, se repliaient, se déchiraient, s'éparpillaient dans le ciel pur. Les boulets et les bombes décrivaient leurs courbes rapides, et s'en allaient creuser au loin le sable jaillissant en gerbes de poussière. Le but placé, me dit-on, à huit cents mètres, témoignait, par de fréquentes avaries, l'habileté de nos artilleurs. Et simultanément, à quelques pas derrière la batterie, dans un champ de géraniums en fleur, la musique exécutait les plus jolis morceaux de son répertoire.

Un autre jour eut lieu l'école en mer. Réveil plus que jamais à l'aube, toilette sommaire et pas accéléré vers la voûte de l'Amirauté pour attendre au passage mon complaisant introducteur. Alger vu d'un peu loin, par un beau lever de soleil, quelle étrangeté, quelle magnificence! Les lumières sont du rose des fleurs de pêcher, les ombres du bleu des violettes de Parme. Les lignes blaircautées par l'air et la distance ne sautent plus aux yeux, et la dernière chose à laquelle pourrait ressembler ce fantastique amphithéâtre échiqueté de couleurs tendres, c'est précisément une ville.

Mais les soldats sont arrivés. Grimpons sur un ouvrage plus ou moins à cornes, en vue des pièces qu'on apprête, et des cibles qui semblent au loin, dans la plaine argentée des flots, deux nénuphars blancs sur leur tige. Près de nous fleurissent, charmant le regard et parfumant l'air, mille plantes cultivées dans ces petits jardins, bâche, pot, caisse, tonneau, marmite, dont l'homme astreint à vivre loin des champs, aime à s'entourer. Le ciel avait cette sérénité, l'atmosphère cette douceur, qui favorisent sans relâche nos étés d'Algérie. L'orchestre du régiment exécutait un des vingt chefs-d'œuvre de Meyerbeer, la *Marche aux flambeaux*.

Tout à coup le feu commence. Un premier boulet part avec fracas. De l'œil on en suit le vol. Il effondre la mer à côté de la cible, et fait jaillir au ciel une immense colonne pulvérisée, puis une autre bien loin de là, puis une autre encore, et puis une autre, et puis une autre, jusqu'à douze et quinze. On dirait une procession de cachalots souffleurs, ou bien les grandes eaux de Versailles, ou bien encore une rangée de peupliers saupoudrés de givre. Je n'avais jamais vu ce singulier phénomène des ricochets ou des rebondissements du boulet sur la mer, et j'en fus vraiment émerveillé. O Parisiens qui croyons tout savoir ! Le but incessamment touché, fut trois fois culbuté dans l'espace d'une heure. Cependant, assis près du timbalier, le petit chien noir, mon fidèle émule, ne semblait pas moins se complaire

au bruit du canon qu'aux symphonies de ses quarante
maîtres.

Après la répétition de musique, le déjeuner ; après le
déjeuner, les journaux au cercle Duchassaing, l'endroit
le plus frais peut-être d'Alger. Il y a surtout un petit
boudoir tapissé de perse à bouquets roses où l'on pourrait se croire dans un chalet, au bord d'un lac de Suisse.
La brise de mer y souffle sans interruption; le jour y est
de la teinte azurée des lointains; un carrelage en marbre
blanc, des portes formant courant d'air, y maintiennent
constamment la température à deux ou trois degrés plus
bas que dans les autres pièces. Et puis la *Presse* et le
Moniteur sont là qui vous disent, à leur bulletin météo-
rologique : Bordeaux, couvert ; Paris, pluie ; Londres,
brouillard. Si le malheur d'autrui vous apitoie, qu'il vous
fait bien comprendre aussi votre félicité !

Je vais quelquefois, vers midi, faire un tour dans les
tribunaux. La correctionnelle est souvent très drôle, et la
cour pleine d'intérêt. Au fond de la plupart des affaires
criminelles arabes, se trouve un drame saisissant, et les
assises ou les conseils de guerre d'Algérie ont tous les
jours à juger des causes dont les détails, s'ils étaient exploi-
tés par la littérature, feraient pâlir bien des romans qui
passionnent le monde. Un exemple entre mille.

La scène est au conseil de guerre d'Oran. Taïeb com-
paraît pour avoir coupé le nez, la main gauche et deux
doigts de la main droite à sa jeune épouse Fathma, âgée
de seize ans à peine. Taïeb est un homme de haute taille,
au regard froid et presque féroce. Il semble convaincu
que l'acte barbare qui l'amène devant notre justice est lé-

gitime pour tout vrai musulman. Peu lui importent les lois des infidèles ; notre châtiment pourra l'atteindre, mais non le convaincre. Il répond avec un calme qui tient du cynisme aux questions du président :

« Je m'appelle Taïeb. J'ignore mon âge ; on dit que j'ai trente ans. Je demeure au douar Fouanis où j'exerce la profession de fellah. Vous me demandez ce que j'ai à dire pour ma défense ? Rien. Le 4 juillet, j'ai coupé le nez et la main gauche à ma femme parce qu'elle me trompait avec mon neveu Bel-Aïd. Voilà ! J'ai voulu me venger. Je les avais par trois fois surpris seuls dans ma tente. La première fois, je leur fis des reproches et défendis à mon neveu de venir chez moi. La seconde fois, je ne pus les atteindre ; ils me virent de loin et se sauvèrent chez ma sœur. Ma femme avait sa ceinture défaite. La troisième fois, je menaçai Fathma de la tuer. Elle me répondit avec énergie : Frappe-moi si tu veux, mais j'aime Bel-Aïd. A partir de ce moment, je ne doutai plus de mon déshonneur. J'étais obligé de travailler à mes moissons. Mon frère qui aurait pu veiller sur ma tente, était aussi occupé en dehors du douar. Je réfléchissais nuit et jour à ce que je devais faire. Je me demandais s'il fallait me tuer ou tuer ensemble les deux coupables. Je me décidai enfin à donner une bonne correction à ma femme.

» Le 4 juillet, elle me proposa d'aller laver de la laine à trois quarts d'heure du douar. J'acceptai et nous partîmes. Il fait très chaud, lui dis-je après avoir marché quelque temps ; si nous nous reposions à l'ombre ? Je l'attirai ainsi dans un gourbi abandonné ; j'étendis mon burnous sur le sol, et par de douces paroles je la décidai à se coucher ;

puis faisant semblant de la caresser, je lui pris les mains et les lui attachai avec son foulard. Ma femme alors commença à être un peu inquiète ; elle se leva, mais je la recouchai de force. S'imaginant que je voulais seulement la battre, elle se rassura et me dit : Tu fais bien de prendre les devants, parce que je t'aurais fait tuer. Ces paroles m'irritèrent tellement que je lui coupai le nez et le poignet gauche avec le couteau que je porte toujours sur moi. Je voulais ainsi la défigurer et la mettre hors d'état de travailler. Je savais qu'alors ma vengeance serait complète, car j'étais sûr que dans cet état elle ne trouverait jamais à se remarier. C'est en voulant saisir mon couteau qu'elle s'est blessée à la main droite. Je n'avais pas l'intention de lui faire d'autres blessures, puisque ma vengeance était accomplie. Ce qui m'a exaspéré, c'est qu'elle n'a ni crié, ni pleuré, ni supplié ; elle avait l'air de me braver.

« Je l'ai ensuite relevée pour la mener au douar Zeurg, qui était voisin du gourbi où nous nous trouvions. Mais en route elle s'est évanouie. Je suis alors allé seul. J'ai raconté à mon beau-frère ce qui venait de se passer. Le chef du douar et la djemâa se transportèrent auprès de ma femme et la conduisirent chez sa mère. Quant à moi, j'attendis jusqu'à ce que le caïd vînt m'arrêter. Si j'avais voulu tuer ma femme, je l'aurais égorgée du premier coup. Je le répète, j'ai voulu seulement la punir en la mettant dans l'impossibilité de trouver désormais un mari ou un amant. Pour cela il fallait qu'elle ne pût plus travailler et qu'elle fût défigurée, car elle était jolie. »

Après l'interrogatoire de l'accusé, l'audition des témoins. Le premier introduit est la victime, la jeune

Fathma. Elle est voilée comme toutes les femmes indigènes. Le président lui fait dire par l'interprète de montrer ses blessures. Elle découvre son bras gauche qui n'est plus qu'un moignon encore emmaillotté de linge, sa main droite où manquent deux doigts, et enfin sa figure qui présente un large trou à la p.ace du nez. Tout le conseil et l'auditoire sont émus et éprouvent un sentiment de répulsion à la vue de cette enfant, victime de la vengeance d'un sauvage. Fathma dépose ainsi :

« Depuis longtemps mon mari me faisait des scènes de jalousie. Le 4 juillet, contrairement à son habitude, il eut pour moi de douces paroles et m'engagea à aller laver de la laine avec lui. Arrivés près du ruisseau, nous nous reposâmes quelques instants dans un gourbi. Taïeb se conduisit d'abord avec moi comme s'il eût voulu prendre ses droits d'époux, puis il m'attacha les mains et les pieds. Je criais au secours ; je le suppliais de ne pas me tuer. Il me coupa le nez, la main gauche, deux doigts de la main droite, et prit la fuite. Malgré mes blessures, je me levai, ramassai ma main, la mis dans mon mouchoir et marchai dans la direction du douar Zeurg. Je vis bientôt paraître la djemâa et le chef du douar. Ils me conduisirent chez ma mère. »

Le président demande à Fathma s'il est vrai qu'elle ait eu des relations avec Bel-Aid. Elle soutient énergiquement qu'elle a toujours été fidèle à son mari. Huit autres témoins sont entendus et confirment l'accusation portée contre Taïeb. Mais la fidélité de Fathma paraît moins sincère qu'elle le prétend. Malgré la répugnance des Arabes à raconter les affaires qui touchent à l'infidélité de leurs femmes, deux témoins déposent de certains bruits qui ont couru dans le douar sur la légèreté de sa conduite. Le réquisitoire du commissaire impérial et le plaidoyer du défenseur entendus, le conseil admet en faveur de Taïeb le bénéfice des circonstances atténuantes, et le condamne à cinq ans de réclusion.

Le Collége arabe

D'autres fois, je vais au collége arabe. Un des spectacles les plus intéressants pour l'observateur, comme un des faits les plus importants pour l'avenir de la colonie, c'est, sans contredit, le progrès silencieux mais rapide, et le résultat déjà considérable obtenu par l'éducation franco-musulmane. Quand, au sauvage fanatisme de cet adolescent des Beni-Raten qui, fait prisonnier pendant la dernière campagne de Kabylie, refusa de manger, et cracha sur la viande qu'on lui présentait, on compare la douceur et la courtoisie de nos jeunes étudiants indigènes, on ne peut trop regretter que l'établissement qui les forme si bien ne compte pas déjà, au lieu de cinq ou six ans, vingt ans de durée. Que de questions encore pendantes en Algérie seraient maintenant résolues, que de pénibles tâtonnements évités, que d'améliorations réalisées ! Car il faut bien le reconnaître, c'est moins à l'action de la presse, aux efforts de la diplomatie et à l'exemple de nos armées expéditionnaires, qu'à l'influence personnelle de quelques jeunes Orientaux élevés dans nos lycées de France, que nous devons l'aurore de civilisation dont commencent enfin à s'éclairer les rives du Nil et du Bosphore.

Reçu d'abord poliment, en qualité de visiteur, je le fus bientôt avec cordialité, comme un intime ami. Et maintenant, à peine ai-je franchi le seuil de l'hospitalière maison dont la façade resplendit avec ses balustres de pierre et son enseigne en lettres d'or devant la statue du maréchal Bugeaud, que cent visages me sourient, que cent mains se disputent la mienne. Le directeur du collége, M. Perron, ancien directeur de l'école de médecine du Caire, est un savant du plus grand mérite. Habile auteur non moins que traducteur fidèle, il a déjà produit, ou fait passer de l'arabe dans notre langue, plusieurs ouvrages très curieux. Le sous-directeur, M. Depeille, plus particulièrement occupé des détails de l'administration classique, joint aux éminentes qualités que nécessite son emploi, les manières les plus affables. Que de charmantes heures j'ai passées près de lui, recueillant d'une oreille avide les intéressantes notions qu'il doit à sa longue expérience du caractère arabe ! Il n'y a dans l'établissement qu'un seul fonctionnaire indigène, le vénérable iman Si Hassan, chargé de l'éducation religieuse. Les maîtres, tous français. sont des jeunes gens instruits, sérieux, aimables. Mais comment les louerai-je mieux qu'en faisant l'éloge de leurs élèves !

On en compte à peu près cent. Leur uniforme est des plus gracieux. Ils portent sur le front rasé la petite chachia rouge avec le long flot de soie bleue tombant sur les épaules. Aux jambes, des bas chinés; aux pieds, des souliers découverts. La culotte à mille plis, descendant jusqu'au mollet comme celle de nos zouaves, est en drap bleu barbeau ainsi que le gilet. Une ceinture en laine rouge leur serre la taille. Mais la plus éclatante pièce de leur ajustement, c'est une veste de drap fin, couleur amarante, soutachée de ganses violettes et rehaussée par quelques agréments en filigrane d'or, dont les uns bordent l'ouverture des manches depuis le poignet jusqu'au coude, et dont les autres dessinent, à chaque extrémité du collet, l'étoile symbolique enchâssée du croissant.

S'ils se ressemblent tous de loin, de près rien de plus dissemblable. Autant de têtes, autant de types : ceux-ci bistrés comme des Indiens, ceux-là jaunes comme des Chinois, quelques-uns roses comme des Anglais. Ils sont en outre presque tous marqués de tatouages : une croix au milieu du front, de petites raies sur la joue, des arabesques sur les mains. Il y a des Kabyles, des Bogharis, des Biskris, des Laghouatis. Les uns ont l'humeur enjouée des Français, les autres l'habitude réfléchie des Orientaux. Néanmoins, pour me recevoir, ils montrent tous le même empressement. Taillé-je mon crayon, c'est à qui s'offrira pour modèle ; proposé-je de causer, les interlocuteurs d'accourir.

En général, ils ignorent leur âge. Un élève auquel je demandais le sien, répondit : Je ne peux pas savoir ; mon père est mort... Quelques-uns, bien que très jeunes encore, ont été mariés plusieurs fois. S'ils se plaignent par instants de la vie dépendante et claustrale à laquelle on les assujétit, c'est, m'a-t-il semblé, plutôt par genre que par aversion. Quel écolier n'a maudit son école ! Ils patientent d'ailleurs en songeant aux bonnes places de caïd, d'iman, d'adhel, d'agha, de bachagha, que leur vaudra bientôt leur docilité. A les voir si polis, si complaisants, si respectueux, à les entendre parler français d'un ton de voix si doux et d'un accent si pur, on les prendrait pour des compatriotes, et non pour les enfants de ces horrifiques Bédouins qui durant près de trente années tinrent nos armes en échec.

Il se trouve, parmi eux, de petits chérifs, de petits marabouts, qu'à leurs bonnes façons on croirait échappés de nos hôtels du faubourg Saint-Germain. Mohammed-ben-Ali a pour père un des chefs kabyles qui luttèrent le plus opiniâtrément contre nous. Pris pour ôtage à la fin des hostilités, il suivit en France et en Italie le général Renault son protecteur. Il a chassé le lièvre à Bougival et l'Autrichien à Solferino. C'est aujourd'hui un charmant jeune homme. Il n'a conservé du Kabyle que le profil accentué. D'esprit et de cœur il est Parisien. Dans deux ans il quittera le collége pour entrer à l'école de Saumur.

Badaoui, le 14 (on les appelle ainsi presque tous par leur numéro pour éviter les homonymes), le 14 est fils d'un hadj caïd de Boghar. Un trait vous suffira pour l'apprécier. Il me présenta, le jour de ma fête, un compliment que je pourrais qualifier de fusioniste, tant le double génie chrétien et musulman s'y mariaient avec adresse. Texte et traduction en regard. Les déliés mignons de l'écriture anglaise accolés aux riches broderies de la calligraphie arabe. Les hyperboles du style oriental auprès des termes plus mesurés de l'épistolaire française : « Louanges à Dieu unique ; son empire est éternel. A celui qui lira le présent écrit, celui dont le nom est pur, le cœur bienfaisant, la puissance élevée, qui possède la science et les belles lettres, notre ami, l'être qui nous est le plus cher, que le salut de Dieu soit sur lui ! Monsieur, je me suis réjoui d'apprendre que ce jour était celui de votre fête, et je m'empresse de vous écrire cette lettre pour attirer sur vous les bénédictions du ciel... » Au dîner que, le soir, j'offris suivant l'usage, mon jeune convive en burnous se montra beaucoup mieux appris que nombre d'habits noirs de ma connaissance.

Une soixantaine d'enfants européens suivent en qualité d'externes les cours du collége arabe. Ils prennent leur récréation avec les indigènes, et la meilleure camaraderie semble présider aux jeux de ce petit monde disparate. Abd-el-Kader-ben-Couscoussou reprend au bond la balle d'Auguste Prudhomme ; Jean Mercadet souffle à Caddour-ben-Ali sa leçon. Bien mieux, des invitations se font de Kabyle à Champenois et de Normand à Boghari pour l'époque des vacances ; et la réception dans l'appartement de ville répond à l'hospitalité sous la tente du douar. Formée sur les bancs du collége, l'amitié se poursuit sous les palmiers d'une oasis et s'achèvera quelque jour dans un salon de France.

Je suis de tous les galas, de toutes les diffas, de toutes les parties de plaisir. Les grands manient déjà fort bien le fusil ; on les exerce devant moi. C'est la fête du directeur ; on m'invite au repas, à la cantate, au feu d'artifice. Doit-on passer une journée à la campagne ? une place m'est réservée dans la voiture aux provisions. C'est ainsi que j'ai fait connaissance avec le joli vallon d'Hydra. Quelle scène enchanteresse ! Végétation splendide, caroubiers touffus, peupliers géants, pins en forme de parasol. Aqueduc ancien, festonné de lianes. Pentes émaillées de fleurs. Et sur le tapis vert d'un pré, dans l'ombre tamisée des arbres, à deux pas d'un vieux café maure, nos gentils écoliers avec leur costume éclatant, leur gaieté bruyante et leur appétit de quinze ans, couchés par groupes de dix à douze autour d'un dîner de cantine.

Chaque année, vers le milieu du mois de juin, à l'occasion de l'Aïd-el-Kebir, le directeur de la medersa d'Alger, Si Hassan-ben-Brihmat, réunit chez lui pour les festoyer, tous les élèves du collége. L'honorable chérif n'attendit même pas que j'eusse manifesté le désir d'assister à cette solennité pour m'envoyer une invitation formelle; et comble de faveur. le matin du grand jour, je voyais entrer chez moi un petit Maure de neuf à dix ans, doux et joli comme le sont tous les enfants arabes de cet âge. Un seroual de calicot blanc, un gilet de drap lilas tendre, une ceinture en soie rose et des sbabeth vernis composaient son costume. Il me dit qu'il était fils de Si Brihmat, et qu'il venait pour m'emmener à l'habitation de son père.

Je pris, sous sa direction, les rampes tortueuses de la vieille cité barbaresque. Nous gravîmes notamment deux ou trois rues que l'édilité moderne a complètement épargnées, et qui montrent encore, dans tout leur mystérieux caractère, les clôtures sans fenêtres, les murs surplombants, les étages en surjet et les kheroudjis en tambour de l'architecture mauresque. Après quelques zigzags réellement fantastiques, nous aperçûmes une porte entrebâillée, devant laquelle se tenaient, debout et l'œil au guet, comme des gens qui veulent honorer un visiteur attendu, les domestiques et les enfants de la maison. C'était là.

Je fus effectivement accueilli par de telles démonstrations, qu'à part le lieu de la scène et le costume des personnages, j'aurais pu supposer que je rentrais dans ma chère famille après dix ans d'absence. Les serviteurs m'accablèrent de politesses, et les deux plus jeunes enfants du maître, beaux comme des amours et parés comme des idoles, se jetèrent dans mes bras, tandis que mon gracieux petit guide, s'élançant dans l'intérieur, y porta la nouvelle de mon arrivée. Deux secondes à peine suffirent pour son message. Il ressortit bientôt, toujours courant, toujours radieux, et me pria de monter avec lui l'escalier d'une de ces maisons mauresques, assez nombreuses encore à Alger et trop souvent décrites déjà, pour que j'en veuille analyser ici les arcs ogivaux, les colonnes torses et les galeries circulaires.

Le digne thaleb m'attendait au premier étage. C'est un homme d'environ quarante ans, d'une belle tenue, d'un visage superbe, et dont les traits respirent à la fois la noblesse et la douceur. A la majesté de ses poses, à l'arrangement de ses burnous, au chapelet de corail noir qu'il tenait entre ses doigts, l'illusion était complète : il me semblait voir l'émir Abd-el-Kader lorsque, subjugué définitivement par la magnanimité de l'Empereur, il vint lui faire à Paris l'hommage suprême de son prestige politique et de son ascendant religieux. Si-Brihmat s'avança vers moi d'un air affable, me serra cordialement les mains, m'adressa quelques compliments et me fit asseoir sur le divan qui s'élevait, comme un trône, quelques centimètres au-dessus des coussins et des tapis du principal salon.

Huit ou dix conviés autochthones étant arrivés sur ces entrefaites, il s'excusa de me laisser seul, et se porta vers eux. J'en profitai pour examiner la pièce où je me trouvais. Un lit doré, du goût le plus étrange, en occupait une des profondeurs. Dans l'autre se trouvait, lui faisant vis-à-vis, une bibliothèque de style indigène, avec panneaux olive à compartiments bariolés de chrôme et de vermillon. Les murs étaient ornés d'étagères arabes et de tableaux religieux, parmi lesquels brillaient dans leur cadre, à la meilleure place, une vue de la Mecque, un plan de Médine, et des mains ouvertes dont les doigts, au lieu de hachures et d'ombres, contenaient des chefs-d'œuvre calligraphiques inspirés, sans nul doute, par le Koran.

Je fus présenté aux nouveaux venus dans des termes que ma modestie eût vraisemblablement récusés si j'avais pu les entendre, car je me vis soudain comme adoré par ces farouches Berbères dont le regard auparavant ne semblait rien moins que sympathique. Ils se saisirent avec transport de la main que je leur tendis, et ne la lâchèrent que pour aller baiser les livres du savant dont on voyait, à défaut de reliures dorées, les dos archaïques et les tranches séculaires à travers les vitraux de la bibliothèque.

Bientôt cependant commencèrent à poindre, au débouché de l'escalier, les quatre-vingt-dix élèves du collége entrant deux à deux sous la surveillance de leurs maîtres.

Ils eurent, en un clin-d'œil, envahi toute la galerie. L'amphitryon marcha vers eux et les accueillit d'une façon vraiment touchante, se baissant et se multipliant pour suffire à ces jeunes fronts qui sollicitaient la grâce de son baiser paternel.

Je vous ai déjà décrit l'élégant uniforme des écoliers de la rue d'Isly. Disposez tous ces gracieux petits personnages en vingt attitudes diverses, avec leurs fronts rasés de frais, leurs teints bronzés, leurs regards éveillés, leurs dents brillant comme l'ivoire entre leurs lèvres souriantes ; jetez au milieu d'eux quelques Bédouins aux jambes nues, aux haïks grossiers, aux longs burnous de laine, image de la barbarie ; quelques maîtres français en habit noir, en bottes vernies, emblême de la civilisation ; campez, sur le premier plan, notre chérif, servant comme de trait d'union, distribuant à tous, avec impartialité, les témoignages affectueux de son hospitalité patriarcale ; éclairez enfin cette scène des splendides rayons du soleil africain tombant à flots dorés d'un ciel bleu comme le saphir, et vous conviendrez que nulle prise de smalah, nul assaut de Laghouat, nulle danse d'Aïssaoua, ne saurait rivaliser pour l'effet, avec ce suave tableau de paix, de fête et de bonheur.

Leurs salamalecs terminés, les élèves se rangèrent au long de la balustrade, et l'un des plus marquants de la première classe, déroulant un écrit magnifiquement encadré d'arabesques et d'attributs islamiques, lut un compliment dont je pus suivre le débit sur une traduction française, exprès stylée pour moi par la meilleure plume du collége. Ce morceau exprimait en si bons termes, des

sentiments remplis de tant d'amour et d'une telle gratitude pour Allah, Napoléon III et Si Brihmat, que le profes-
seur ému jusqu'aux larmes n'y put répondre que par de
nouveaux embrassements. Après quoi, les écoliers rom-
pant les rangs, ôtèrent, suivant la politesse africaine, leurs
quatre-vingt-dix paires de souliers et pénétrèrent dans les
salles destinées à les recevoir.

L'apparition du directeur ayant complété le nombre
des invités, les domestiques procédèrent au service de
la diffa. Une table, ou mieux un plateau, fut d'abord
apporté pour les convives d'âge. Ils eurent quelque peine
à s'y mettre à la turque, mais enfin, une demi-violence
aidant, les plus raides en vinrent à bout. Loin de moi la
prétention d'essayer ici la description, déjà tant de fois
faite et si souvent réussie, d'un repas oriental. Encore
moins voudrai-je le juger. Celui de ce jour eût-il été cent
fois moins bon, que je l'aurais trouvé délicieux, vu d'a-
bord un peu l'étrangeté des plats et vu surtout la grâce
toute particulière avec laquelle les honneurs nous en furent faits.

Je ne vous parlerai donc ni du pilau de riz à la ca-
nelle, ni des tranches de mouton bouilli, ni des volailles
au piment; mais je ne puis résister au désir d'illustrer la
meilleure pièce du festin, un couscoussou magistral. Sur
le vaste lit d'une pâte fine et grenue comme la semoule,
s'arrondissaient en couronne des quartiers de poulet, au
milieu desquels s'étendait un sable appétissant de gros
pois et d'amandes. Quelques jattes de lait furent posées
autour et prêtèrent l'onctueuse humidité de leur crème à
ce mets naturellement un peu sec. Une haute pyramide

de galettes au miel d'un goût vraiment parfait termina cette première édition de la diffa. Nous nous levâmes pour faire place à la seconde, que suivit, sans désemparer, une troisième, immédiatement continuée par une quatième, à laquelle une cinquième empressée servit de clôture.

Notre rôle actif s'acheva par le lavage des mains sous le bec jaillissant de l'aiguière, et par la sensuelle absorption d'une petite tasse de café, trouble à la vue, mais excellent au goût. De pipe et de cigare, il n'en fut pas plus question que de vin, les tolba s'interdisant de fumer. Objets de spectacle d'abord, nous devenions spectacteurs à notre tour, et j'avouerai que, pour ma part, j'y pris un énorme plaisir. Il était vraiment curieux de démêler à leur geste, à leur physionomie, ceux des élèves qui, faits depuis quelque temps à l'ordinaire français du collége, ne voyaient déjà plus dans le régime arabe, avec son brouet noir, ses épices outrées, son gobelet commun, sa fourchette d'Adam et ses cuillères de bois, qu'une réminiscence historique; et ceux qui, nouveaux venus des gourbis et réfractaires encore à la subtilité de nos usages, se retrempaient avec bonheur dans les habitudes chéries de leur enfance. L'amphitryon possédait en outre si bien l'art d'amuser à la fois tout son monde, et les convives hors de tour me tenaient compagnie si bonne, que le temps passa comme un rêve heureux.

La cinquième et dernière édition de la diffa terminée, chacun se leva pour sortir. Les parents, d'ailleurs, rassemblés dans la rue, attendaient leurs enfants avec impatience, et ceux-ci, malgré toute la joie dont ils semblaient remplis, ne devaient pas moins désirer de prendre possession des trois jours de congé que leur vaut l'Aïd-el-Kebir.

Les embrassades et les salamalecs de l'arrivée recommencèrent de plus belle, avec addition d'une cérémonie particulière à cette solennité religieuse. L'aîné des fils de la maison, grand jeune homme de dix-neuf à vingt ans, déjà fort avancé dans nos emplois civils, s'étant armé d'un élégant flacon tout rempli d'eau de rose, le secouait sur le front des invités à mesure qu'ils franchissaient le seuil, et chacun de retenir et d'étendre avec la main, la fine pluie par tout son visage.

Quand fut venu, pour ses convives français, le moment de prendre congé, Si Brihmat s'empara du flacon et voulut, suprême courtoisie, les asperger lui-même. Mais au lieu de leur jeter, suivant le rituel adopté, le liquide odorant à la face, il le secoua délicatement sur leur doigts. C'est donc les mains pleines de parfums et le cœur de reconnaissance, que nous quittâmes cette maison hospitalière.

Et maintenant, après les cordiaux embrassements de ces agapes fraternelles, ne le croyez-vous pas comme moi, cher monsieur, si jamais, pour le malheur de l'Algérie, un nouveau Bou-Maza, un autre Bou-Baghla, devait y relever l'étendard de l'insurrection, il ne pourrait sortir que de la tente éloignée d'un douar, ou des profondeurs du désert, et nous aurions pour nous, dans nos rangs, à toujours et à toute épreuve, nos enfants d'adoption, les élèves du collége arabe.

Les Bains de Mer

Je rentre ordinairement vers deux heures, pour la sieste. Si courte qu'elle soit, la sieste est presque indispensable dans les pays chauds. On s'en relève le corps plus léger, l'esprit plus inventif, et le travail auquel on se livre, dessin, lecture ou composition, en profite. Des amis viennent-ils vous voir, on les reçoit avec plus de plaisir. Mes visiteurs, du reste, sont tous gais, spirituels, aimables, et, pour le plus grand nombre, jeunes. Les jeunes parlent haut.

A quatre heures, le bain. On peut sortir; le soleil n'est plus à craindre, et l'eau chauffée depuis le matin a gagné son maximum de température. Dans le Nord, les bains de mer m'ont toujours semblé moins un amusement qu'un traitement médical. Excepté quelques jours, au plus fort de la canicule, on y grelotte, on s'y morfond, on y gèle. Si les hôtels somptueux, les casinos, le jeu, la mode enfin ne s'en étaient mêlés, on ne verrait pas, j'en suis sûr, Dieppe, Etretat, Pornic, Royan, Biarritz et autres fameuses localités balnéaires, réunir la centième partie des baigneurs qui s'y disputent aujourd'hui la place. Et encore, à les observer de près, ces soi-disant baigneurs, sur cent, combien s'en mouille-t-il? Une douzaine tout au plus. Il faut effectivement qu'ils soient bien forts ou bien malades pour affronter une pareille épreuve. En Espagne, en Italie, les bains froids méritent mieux le nom d'agrément, mais cet agrément dure peu ; car soit coutume, soit préjugé, on ne commence à se tremper qu'après la Saint-Pierre, c'est-à-dire le 30 juin, pour ensuite cesser brusquement au milieu d'août. Ici les bains de mer sont une volupté et une longue volupté. On en prend pour son plaisir depuis les premiers jours de mai jusqu'aux derniers du mois d'octobre, et l'on peut très bien continuer tout l'hiver si la santé l'exige.

J'ai débuté, sur les dadas de la vie, par l'amour de la natation. De quels cris de joie n'ai-je pas salué les premières brasses que je pus faire à l'école du pont d'Austerlitz ! On y conduisait le lycée deux fois par semaine ; et malgré la fraîcheur souvent glaciale de l'eau, les jours de bain me plaisaient encore plus que les jours de sortie. Un sentiment réfléchi se mêlait toutefois à ce goût affolé. Je me disais qu'à maîtriser un élément aussi redoutable on doublait son unité physique. L'homme qui sait quatre langues vaut quatre hommes. Que dire de celui qui d'abord garanti lui-même, peut de plus, à l'occasion, sauver son prochain d'une mort affreuse ! Chateaubriand , dans ses voyages, se donnait la satisfaction de boire à tous les fleuves, à tous les lacs, à tous les océans qu'il trouvait sur sa route. Au lieu de boire, j'ai nagé. La Seine, la Gironde, le Rhin, l'Elbe, le lac Majeur, la Manche et la mer d'Ionie le savent. Malheureusement, bientôt vinrent des froids, des raideurs, des symptômes inquiétants ; force fut de leur opposer la prudence ; et je supprimai les bains froids.

Uu jour, en me promenant sur la plage de Mustapha, je

vis un vieillard qui batifolait dans la mer avec autant de quiétude que s'il se fût trouvé dans une baignoire de la Samaritaine. Je lui demandai comment à son âge il pouvait commettre une pareille imprudence. Pour toute réponse il courut à son paletot, prit dans la poche un thermomètre et le plongea dans l'eau. Deux minutes après il me le mettait sous les yeux. Jugez de ma surprise, le mercure y marquait trente degrés centigrades ! Oh bien, me dis-je, à Luchon, les bains minéraux de piscine, si chers aux rhumatisants, n'ont que vingt-huit degrés, et je me défierais d'une mer plus chaude et plus minéralisée qu'eux !

Le lendemain, je me rendis au seul établissement que possède Alger. Il est adossé contre les rochers qui bordent l'esplanade Bab-el-Oued. Un archipel d'écueils y forme des bassins dont la profondeur varie. C'est aux nageurs de choisir suivant leur talent, suivant leur courage. En deux minutes je fus prêt, lancé, immergé. Le thermomètre du vieillard avait dit vrai. Telle était la douceur de l'eau que, suivant la grotesque comparaison d'Autran, elle produisit sur moi l'effet d'un gilet de flanelle. Mais l'endroit me déplut. Pas de soleil, peu d'espace, quelques précieux pour compagnie. Aussi pris-je la résolution de me baigner désormais, comme je faisais naguère en voyage, n'importe où.

Or, de tous les lieux essayés, plage de Mustapha, rochers de Saint-Eugène, extrémité du môle, grève de Bab-el-Oued, c'est ce dernier que j'ai choisi. Dix minutes au plus suffisent pour s'y rendre, et les bellombras qui bordent l'esplanade abritent la moitié du chemin. Le sable y est d'une finesse extrême. L'inclinaison moyenne du terrain permet à la fois aux novices de s'ébattre à distance sans perdre pied, aux habiles de se distinguer sans avoir à courir trop loin. C'est du reste le rendez-vous préféré de la plupart des tritons algériens. Il y vient des compagnies de soldats, clairon et tambour en tête, des bandes d'écoliers, des nuées de gamins, dont quelques-uns ne comptent guère plus de trois à quatre ans. Nulle exception de rang, d'âge, de race ni de sexe. Le rentier plonge sous le biskri, la juive barbotte auprès de l'étudiant.

Cette affluence donne à la plage autant de sécurité que d'entrain. J'y rencontre toujours une douzaine de connaissances. Et de lutter alors, de jouer et de rire. On choisit pour but un tronc d'arbre qui flotte, une barque qui passe, et c'est à qui l'atteindra le premier, à la brasse, à la coupe, en nageant sur le dos. On lance au loin un galet de brique rouge ou de marbre blanc, dont la couleur attire les yeux, et tous ensemble on plonge à sa recherche. La mer est-elle forte? on glisse sous les vagues, on se laisse bercer par elles, on s'exerce dans l'art périlleux du lancement et de l'abordage. Et puis revenu sur le sable, on fume, on cause, on regarde le paysage et les scènes variées qui l'animent. Enfin, si pour se rhabiller on n'a pas, comme à l'établissement, la jouissance d'un paillasson, d'une cabine et d'un miroir, les piquants épisodes auxquels donne lieu la difficulté d'atteindre à ses habits sans se salir les pieds, les bons rapports qu' engendre le prêt gracieux d'une corne ou d'un peigne, et pour certains aussi des motifs bubgétaires, compensent largement cette privation.

L'appétit ne saurait manquer après de pareils exerci-
ces. On dévore. Et le corps garde jusqu'au soir une fraîcheur dont on goûte d'autant mieux le charme que chacun semble prendre à tâche de vous le rappeler. Le commun des martyrs sue, fond, halète, s'essuie, s'évente autour de vous, et pour vous, heureux privilégié, l'air est
sans pesanteur, le concert sans canards, la beauté sans
défauts, le bonheur sans mélange.

Au lieu d'imiter les Algériens, qui rentrent presque
tous une fois la musique finie, j'aime à prolonger la soirée, comme on fait à Palerme, à Naples, à Venise, tantôt
en devisant sous le palmier séculaire nouvellement planté
devant l'hôtel de la Régence, tantôt en canotant dans le
port avec quelques amis. L'un d'eux prit une fois sa man-
doline. Quand nous eûmes quitté le bord, il se mit à chan-
ter. Sa voix était puissante et sympathique; l'accompagne-
ment, facile et doux, semblait un ramage d'oiseaux. La lune
brillait de son plus vif éclat. Le flot dormait. A l'horizon
du midi se profilaient vaguement sur un ciel sans nuages
les contours vaporeux de la chaîne atlantique. L'ouest
avait pour décoration la ville toute blanche, avec ses lignes
de façades, ses escaliers de maisons indigènes, ses mosquées et ses minarets. Mille feux scintillaient au flanc de
ce vivant amphithéâtre. Un pareil tableau ne s'oublie jamais.

Le Journalisme

On peut, vous le voyez, passer ici l'été fort agréablement. Je ne vous ai cependant encore dit que les moins
préférées de mes occupations, que les plus menus de mes
bonheurs. Vous connaissez ma singulière passion pour la
publicité. Cette passion, si louable chez les écrivains de
votre valeur, mon cher maître, est dit-on, des plus con-
damnables chez un rapsodiste. Quelques amis, du moins,
ne se sont pas fait faute de me rappeler, en mainte occasion, les peines dont les anciens punissaient les mauvais
auteurs.

Est-il donc, après tout, beaucoup plus criminel de
faire imprimer ses sornettes que de les aller de vive voix
colporter en tout lieu, débiter à tout venant? Vous savez
de quelle façon Molière a traité les fâcheux. Et dussiez-
vous m'accuser d'être orfèvre, j'estime pour ma part
beaucoup plus un méchant écrivain qu'un bavard mé-
diocre. Celui-ci vous accoste, vous poursuit, vous tour-
mente bon gré, mal gré, d'un verbiage ordinairement
aussi vide pour le fond que défectueux pour la forme.
Combien sur cent causeurs en compte-t-on d'aimables?
Celui-là ne vous impose pas, ne vous offre même pas son
livre; il se contente de le mettre en vue. Les idées en ont
toujours été plus ou moins mûries, le style châtié. Les
détails de la publication : mise au net du brouillon, lec-

ture du gérant, correction des épreuves, exigent de l'auteur, à défaut d'un travail plus sérieux, une certaine attention. Le reste ensuite vous regarde. Ne lisez, n'achetez, ne regardez même pas l'intrus, libre à vous.

Quoi qu'il en soit, péché capital ou véniel, j'ai pu donner ici carrière à mon goût pour le griffonnage. Outre le *Moniteur* particulièrement voué aux publications officielles et aux apologies de commande, il y a deux journaux français paraissant plusieurs fois par semaine : l'*Akhbar* qui le premier voulut bien me décerner le titre envié de rédacteur, et le *Courrier de l'Algérie* dont la flatteuse hospitalité n'est pas le moins doux souvenir que je garderai de ma vie plumitive.

Il ne pouvait, vous comprenez bien, être question pour moi d'aborder ces articles de fonds, ces graves bulletins qui tiennent le haut du pavé dans la composition d'un journal. Il faut pour les traiter un esprit positif, une instruction solide et la grande expérience du monde. Ma vie privée, mes études sommaires et mon imagination badine me reléguaient forcément au feuilleton, aux variétés, voire même aux faits divers. Laissant donc à de plus dignes le cantonnement des Arabes, la décentralisation, le droit de tonnage, le barrage des oueds, le budget séparé, le lin, le tabac, le coton, et autres problèmes coloniaux, je me suis renfermé prudemment dans le genre moins ambitieux du compte-rendu, de l'anecdote et de la fantaisie. La pluie et le beau temps, les cérémonies religieuses, les solennités nationales, les distributions de prix, ont tour à tour défrayé mon humeur écrivassière. Je n'oserais pas trop demander au lecteur s'il a pris quelque plaisir à ces berquinades, mais pour moi, je m'y suis amusé l'impossible. On profite deux fois d'une chose à la raconter, vingt fois à la rédiger, cent fois à la faire imprimer.

Si le nom d'un journaliste parisien de quelque poids est connu dans le monde entier, sa personne, tout au contraire, demeure parfaitement ignorée même de ses voisins. Il n'y a d'exception que pour les très grands : les Dumas, les Janin, les Véron, les Gautier ; et encore faut-il que la charge s'en mêle. Dans une petite ville, la notoriété de l'individu marche de pair avec la célébrité du nom. Il suffit d'avoir signé deux articles dans un journal pour être aussi connu que Monsieur le maire. Cet éclat peut blesser la modestie d'un auteur, si jamais auteur fut modeste, mais il lui vaut en retour certains avantages. Tranchez-vous du Juvénal? on vous craint. Un trait de satire est si tôt lancé ! A la poste, on vous remet vos lettres avec plus d'exactitude ; vous êtes mieux servi au restaurant, mieux habillé chez le tailleur, mieux ordonnancé par le médecin. Professez-vous au contraire l'optimisme du docteur Pangloss ? On vous adore. L'éloge a tant de charmes ! et vous en disposez. C'est à qui sollicitera l'honneur de faire votre connaissance. Il vous pleut des déclarations. Reste seul l'embarras du choix. Vous choisissez pourtant ; et je pourrais citer plus de trois Algériens dont la précieuse amitié ne m'a pas été autrement acquise.

Est-ce à vous, cher maître, qu'il faut apprendre les voluptés idéales que procure la composition d'un roman, d'un poème, d'une anecdote, de toute œuvre enfin où la fiction domine ? J'ai toujours un article en train dans la poche. Plutôt quatre crayons que deux. Toujours une douce préoccupation dans l'esprit : plan qui se dessine, intrigue qui se noue, phrase qui s'arrondit. Suis-je à la promenade, au cercle, dans ma chambre ? mon heureux petit monde me tient compagnie. L'autre, l'ennuyeux, disparaît avec ses boues, ses douleurs et ses monstres. Je regarde les passants, les mouches, le plafond, le bout de mes souliers, et je vois des anges, des paradis. Les plus riches palais sont à moi, les meilleurs amis, les plus belles femmes. Il est deux heures du matin, tout le monde est rentré, couché, dort, ronfle et fait des rêves plus ou moins saugrenus, que souvent je suis encore là, tout seul sur un banc de la place, fort mal assis, fort triste en apparence, mais planant en réalité dans les cercles élyséens de la pensée ravie.

Viennent ensuite les petits bonheurs de la publicité. Un élégant ne tressaille pas plus à voir son buste orné d'un paletot de Dussautoy, qu'un écrivain son style revêtu de caractères typographiques. Sur le brouillon, il était lourd ; les pattes de mouches l'embarrassaient, les ratures l'obscurcissaient. Imprimé, c'est du Buffon, c'est du Voltaire, à l'œil, du moins. Votre article paraît enfin. On le lit au salon, dans la boutique, au café, dans la rue, partout. Vous ne le voyez pas, mais vous le supposez. Et vous sentez comme une transfusion intellectuelle vous apparenter instantanément des milliers d'individus. Les inconnus que vous rencontrez ne vous semblent plus étrangers. Vous les salueriez, vous leur tendriez presque la main. N'ont-ils pas, à défaut de votre sang dans les veines, vos pensées dans l'esprit? Un critique parfois vous jette bien la pierre ; c'est toujours un imbécile. La masse ne dit rien ; silence approbatif. Vos amis, s'ils ricanent tout bas, tout haut vous complimentent. Votre œuvre enfin s'est augmentée d'une pièce nouvelle qui, le jour venu des ressouvenirs, fera nombre charmant avec les poésies de collége, les lettres d'amour et les impressions de voyage.

Le journaliste amateur a, de plus, certains agréments qu'ignorent hélas! la plupart de ses confrères. Il travaille à son heure, à son idée, pour son plaisir. Indépendant comme l'oiseau, il voltige de feuille en feuille. L'inspiration regimbe-t-elle, il flâne. Moins on s'entête et plus vite revient la veine. Il choisit librement les sujets qui l'inspirent. Aussi les traite-t-il toujours sinon avec le génie qui force les bravos, du moins avec l'amour qui concilie les cœurs.

Mais je m'oublie à vanter la douceur de travaux dont je suis probablement le seul à jouir. Il est d'ailleurs temps de conclure. Certes, à bien chercher, peut-être verrait-on quelque ombre s'ajouter aux lumières du tableau que je viens d'esquisser d'un été algérien. Tout le monde n'affectionne pas exclusivement la musique militaire, la natation, le soleil, la lune, la peinture et le journalisme. Il est d'autres besoins. Or, on ne trouve ici, depuis la fin de mai, jusqu'aux premiers jours d'octobre. ni spectacles, ni concerts proprement dits. On n'a même pas la res

source de ces fêtes mauresques et de ces danses d'Aïssaoua qui, l'hiver, alimentent la curiosité des étrangers.
L'éparpillement de la société rend les soirées presque
impossibles. Un bal ferait événement. Si curieux qu'il
semble d'abord, le vent du sud finit toujours par fati-
guer. Je crois fermement que ceux qui sont malades à
Alger le seraient pareillement et même beaucoup plus
ailleurs; mais il suffit que, vu la différence de climat,
les indispositions soient autres, pour qu'on s'en effraie
doublement.

Aussi, toute considération personnelle écartée, suis-je
loin de prétendre que l'on doive venir à Alger pour le
seul agrément d'y passer l'été. Je pourrais même dési-
gner cent stations préférables, sur le bord des lacs de
Suisse, aux villes d'eaux de France et d'Italie. Je sais
surtout, dans le golfe enchanté de Naples, une île mer-
veilleuse, Ischia, qu'a chantée Lamartine en des vers
immortels. Je sais dans Ischia (ceci n'est point une ré-
clame, c'est un cri de conscience et de gratitude) je sais
dans Ischia le plus charmant réduit, la villa du docteur
Chevalley de Rivaz, où tout malade est sûr de trouver
de la santé, tout poète des inspirations, tout peintre des
sites sublimes et tout galant homme un ami. Mais je me
crois aussi en mesure de soutenir qu'on ne doit pas
non plus fuir Alger uniquement pour ses chaleurs. En
définitive, l'été d'Alger, favorable à quelques-uns, n'est
redoutable pour personne.

Faut-il maintenant vous demander pardon, cher monsieur, d'avoir osé vous écrire, comme on dit, à travers
le public? J'ai pensé que mes observations pourraient

ainsi profiter à plus d'un, et que, publiées sous vos aus-
pices, elles contribueraient plus efficacement à détruire
les injustes préventions qui pèsent encore sur la belle
patrie à laquelle chaque jour, même le plus brûlant,
m'attache davantage.

CHARLES DESPREZ.

Alger, septembre 1862.

Alger. — Imp. de l'*Akhbar* — Ed. BALME et Cie.